TAUGHT GENIUS

[美] 史迪夫 · 劳 /Steve Law 著

教出来的天才

比尔 · 盖茨和乔布斯
—— 的家庭教育故事 ——

Bill Gates And Jobs' Family Education Story

浙江出版联合集团
浙江人民出版社

目录 | contents

001 前　言

教出来的比尔·盖茨

003 一袋坚果
009 “太空针”高塔
018 一杯冷水
027 第一个奖杯
032 请家长
036 班主任
040 一篇作文
044 投资报告
047 我们的邻居
054 童子军
061 篝火聚会
067 圆桌会议

074 感恩节
081 擦　车
086 圣诞节
090 休　学
100 白手起家
107 母亲的信

教出来的乔布斯

119 你是我们特意“挑选”的
124 换一种思路想想
128 一辆脚踏车
132 一块怀表
138 海滩上捡鱼
140 一只篮子
142 学会宽容
146 威廉叔叔
149 几箱变速器
154 我不会昧着良心说话
158 打棒球
161 读　报

163　请家长
165　你与众不同,发现你自己
168　仿佛置身于天堂中
172　我需要跟教皇通话
179　绝非叛逆
184　打开心扉、自问心源、脱离尘世
189　人需要一次次脱胎换骨
196　不是天才,就是白痴
202　我有什么资格炫耀
205　你说你想要一场革命
209　对血缘有点儿好奇
216　Think Different

221　后　记

前　言

《教出来的天才》用一个个真实的生活故事，讲述了比尔·盖茨的父母与乔布斯的父母对他们进行的品德教育。

中国有句俗话说，“三岁看小，七岁看老”。

父母给予孩子更多的是对其品德的教育。它的重大意义将影响孩子的一生。

学习知识固然重要，但知识不等于智慧；懂得做人，才是智慧。不会做人，再多的博士学位，再多的头衔，也不能拥有成功的人生。

树长成什么样，是大树还是小树，很大程度上取决于它们成长的土壤。

比尔·盖茨和乔布斯早期的家庭教育，为他们提供了良好的成长环境和条件，这也是塑造他们博大情怀的根基。

史迪夫·劳

2017年初于洛杉矶

教出来的比尔·盖茨

几乎所有碰到比尔·盖茨父亲的人，都会忍不住地问：“你是怎么培养出如此优秀的孩子？有什么秘诀吗？”

面对这个问题，他总是自言自语：“真的有什么不为人知的秘诀吗？连我自己都没有搞清楚！”

生活无大事。每一件小事，都会影响孩子人格的建立。

一袋坚果

1955年10月28日，威廉·亨利·盖茨的第二个孩子——他唯一的儿子降生，按家族承袭父辈姓名的传统，他从自己的名字中取了一个词给儿子，他为儿子取名“比尔·盖茨”。

威廉·盖茨从华盛顿大学法学院毕业后，没有像其他同学那样进入律师事务所，而是选择回到家乡西雅图的布雷默顿镇，他从委托代理人做起，代理离婚案、酒后驾车案等琐碎工作。妻子玛丽是银行家的女儿，也是美国联合慈善总会的领导者之一，同时还要照顾三个孩子：克里斯蒂、比尔和利比，一家人住在西雅图一幢临海的别墅里。他们是一个亲密无间的家庭，家人热衷于各种竞赛：棋盘游戏、纸牌、乒乓球等。他们还有各种固定习惯：每周日都有大餐、圣诞节时全家都穿同样的睡衣……

每次外出，其他人都已收拾妥当，早早坐在汽车上等候出发，唯独不见比尔·盖茨。比尔·盖茨常常会拖延全家出行的时间。大家就会问：“比尔在哪儿？”姐姐克里斯蒂就会回答：“还在他的房间里。”比尔·盖茨的房间位于日光地下室，地面上的部分连着大门和窗户，正对着庭院。妈妈玛丽会在临行前一次又一次地喊他："比尔·盖茨！你还待在下面干吗？"比尔·盖茨扬着脑袋，反问她："我在思考问题啊。妈妈，您曾尝试思考吗？"

那时，比尔·盖茨"思考过度"，不爱说话，在学校也不愿与同学交往，常常一连发呆几个小时。父母担心儿子患了自闭症，便刻意制造机会让儿子与外界接触，比如在晚会上做引路员、在爸爸的事务所里做复印员。但比尔·盖茨仍旧沉浸在思考中，不爱和别人说话。儿子到底在想什么呢？父亲很想知道儿子为什么沉默"思考"。于是他开车带比尔·盖茨到贫民区去。那是比尔·盖茨第一次看见那么多无家可归的人，他们衣衫褴褛地聚在一起。汽车经过时，他们蜂拥而上包围了车子。他们打量着车里金红色头发的比尔·盖茨，比尔·盖茨不停地向他们招手，对他们微笑。汽车开出很远，他还一直回头，向他们招手。

回家的路上，比尔·盖茨一直看着窗外，沉默不语。快到家的时候，比尔·盖茨说："爸爸，也许我们可以为他们做些什么。"

"你觉得你能做什么呢？"

"我刚才一直在想，我们童子军成员不是每周末都会出售未经加工的原味坚果挣钱吗，我会劝说童子军团长，把我们赚的钱给他们买晚餐。"

之后，比尔·盖茨找到童子军团长，问："童子军挨家挨户卖坚果，是为了什么？"

团长说："为了让每个同学获得做生意的经验，例如，上门销售产品时是什么感觉，哪些因素会对购买者产生决定性影响，等等。"

"那卖坚果的钱呢？"

"一般用在我们的旅行上。"

"有一个地方更需要这笔钱。"

比尔·盖茨说服了团长。

此后，每个晚上和周末，童子军都会挨家挨户询问对方是否需要坚果。比尔·盖茨的爸爸驾车送他前往不同的街区，爸爸在车里等着，比尔·盖茨挨家挨户售卖一袋袋坚果。比尔·盖茨对每个开门的人耐心地讲着坚果的营养。这样的比尔·盖茨，怎么可能患有自闭症呢。

童子军各团队之间，也在各条街道上展开了竞赛，看哪支队伍最终筹得的资金最多。傍晚，童子军团员们把钱凑在一起，在贫民窟附近的汉堡店，买下几百个汉堡。

比尔·盖茨像一个小指挥官，让贫民窟无家可归的人排好队。童子军成员把盒子里的汉堡一个个发给他们。回家的路上，比尔·盖茨问父亲："我怎样才能多挣点钱帮助他们呢？"

比尔·盖茨的家族有投身慈善的传统。比尔·盖茨的奶奶是一名全职志愿者，比尔·盖茨的爷爷几乎90%的时间都在积极帮助他人。他们参与了大量的慈善公益活动。比尔·盖茨的外祖母是广受赞誉的慈善大使，比尔·盖茨的母亲玛丽更是将慈善视作终身事业。起初，玛丽为无法在学校读书的孩子辅导功课，之后成为儿童医院的志愿者。她在关注他人生活上所花费的时间和精力远远超过关注自己的生活。

自从怀上比尔·盖茨，玛丽就开始阅读《如何当好称职的父母》这类书。她在书上画出很多重点句子，一句句念给腹中的比尔·盖茨听。玛丽和丈夫尽可能地利用一切时间和机会学习育儿知识和方法，为未来扮演好父母的角色做准备。他们也常常思考，自己应该成为什么类型的父母，以及采取什么行动才能实现这一目标。两人还一起参加了教会举办的父母培训班，在那个培训班上，威廉·盖茨最大的收获是，“永远不要贬低您的孩子，每个孩子都有无限的可能”。他想：“到目前为止，我生命中最有价值的部分就是抚养我的子女。我觉得这对我们大多数人来说都是一样的。成为真正称职的父母，也许就是我今生所要从事的最重要的一项工作。我做好了准备，要尽一切努力，做一名称职的父亲。”

像其他父亲一样，他有时也会担心自己能否胜任父亲这一角色。但他牢牢记住一点，望子成人，而非望子成龙。成功，不是关键；做人，才是关键。

比尔·盖茨的父亲认为，要从每一件小事做起，去培养孩子的好品格、锻炼孩子的好性情，这是做父母的责任。威廉·盖茨回忆起自己的父亲，他也从来没有对自己讲过大道理，但父亲的无言之教让他领悟到，学会做人才是最重要的。在学校学的是知识，在家学的是品行。父母日常生活中的兴趣爱好、品性修养、言行举止，甚至衣着打扮、生活习惯，都会成为孩子关注的焦点。父母对孩子的品德教育，其重要意义将影响孩子的一生。

比尔·盖茨的父亲深深领悟到，言传不如身教。无言之教，比对孩子喋喋不休地讲大道理更有作用。他渐渐体悟到，“聪明的父母，要带给孩子的，不是成功的途径，而是人格的魅力。聪明的父母不会告诉孩子应该做什么，而是给他更宽广的视野去发现自己想要做什么”。父亲希望比尔·盖茨能多接触自己身边道德情操高尚的朋友，让他们成为比尔·盖茨人格确立的“好帮手”。

父亲开车带比尔·盖茨到好友罗伊·普罗斯特曼家。罗伊是律师兼教授，他创办了一家名为“农村发展研究所”的机构，他提倡应依法建立“耕者有其田”的制度，并帮助世界上最贫穷的人，使他们享有保障土地的权利。

这时，比尔·盖茨还不到11岁，见到罗伊，他像个小大人一样问罗伊：“您最近在忙什么？”罗伊也不把比尔·盖茨当小孩看，他对比尔·盖茨讲，世界上绝大多数极端贫穷的人——那些每天靠不足一美元生活费过活的人——是那些每天在土地上辛苦地劳作却不能拥有自己土地的农民。他还给比尔·盖茨讲了一个简单的道理：当农民拥有土地时，他们会更加努力地工作，更加专注地进行农业生产，这样一来，他们的土地将更加高产，进而他们可以摆脱贫困并为社会贡献更可观的经济价值。

比尔·盖茨听了，若有所思道：“我能做些什么呢？”罗伊的回答，让比尔·盖茨一生难忘："向大家也向全世界证明这样一个道理：个人的力量虽然有限，但只要拥有良好的创意，并投入无限的热情，就可以展现改变世界的惊人力量。"比尔·盖茨将这句话记在一张餐巾纸上，这句话无数次鼓舞着他、激励着他。

席间，罗伊说起消除贫困，他走近地图，告诉比尔·盖茨最贫困的人在哪里。送行的时候，罗伊又对比尔·盖茨说："很多人在满足自己奢侈消费方面出手大方，在帮助贫困的人时却很吝啬，这是'富而不仁'。他们缺乏对财富的正确理解。"比尔·盖茨似懂非懂。罗伊接着说："财富最基本的一条是'做人'，比如有爱心、强烈的责任感、诚信可靠等。"

回家的路上，比尔·盖茨对开车的父亲说："爸爸，我要成为像罗伊叔叔那样的人。"父亲听了很高兴，说："是的，罗伊叔叔一生都在帮助那些贫困的人。比尔，世上有两种人，一种是索取的，一种是给予的。索取的人，只爱自己；给予的人，爱人如己。"比尔·盖茨说："爸爸，我能成为一个爱人如己的人吗？"父亲说："比尔，无论你想做什么，我都相信你能做到。"

许多年后，罗伊创办的"农村发展研究所"帮助了世界上40多个国家超过四亿贫穷的人，保障了他们的土地权利。而这个研究所的合作伙伴之一就是比尔·盖茨。

“太空针”高塔

比尔·盖茨八岁生日时，大人们送给他很多精美的玩具，但他都不喜欢。

“你想要什么?”父亲问他。

“我想要一套《世界百科全书》!”

“你能看懂吗?”父亲有些惊讶。

“能看懂！上面有文字，还有图，我能看懂!”比尔·盖茨十分自信。

玛丽看了丈夫一眼，微笑着对比尔·盖茨说：“那好吧，我们就把它送给你当生日礼物。”

“太好啦!”比尔·盖茨高兴得跳了起来，“这是我收到的最好的生日礼物!”

收到《世界百科全书》后，比尔·盖茨经常连续几个小时不停地阅读这本大书，一字一句地看。他常常陷入沉思，冥冥之中感觉到，小小的字母和巨大的书本里蕴藏着一个神奇和魔幻的世界。

这时的比尔·盖茨，是里奇景小学的一名学生。一天傍晚，比尔·盖茨的同学卡尔·爱德蒙来到他家。爱德蒙是比尔·盖茨童年时代最要好的朋友，他们两家的关系也一直都像家人一样亲密。爱德蒙的父亲，是西雅图有名的心脏外科医生，他曾经发明过一种用电流停止心脏纤维性颤动的方法，这种方法在手术过程中可以校正病人不规则的心律。

“比尔在家吗？”爱德蒙走进客厅，比尔·盖茨的外祖母正在忙碌。外婆说：“半天没看见他了，应该还在房间里。”爱德蒙来到比尔·盖茨的房间外，房门紧闭，他拍了拍门，高声喊：“比尔·盖茨，我是爱德蒙。”屋里没人应声。外婆走过来说：“可能又躲在他父亲的书房里看书呢。”外婆领着爱德蒙来到比尔·盖茨父亲的书房，比尔·盖茨果然坐在沙发上，怀里抱着一本大厚书，正在聚精会神地读着。

爱德蒙走进屋，好奇地问：“嘿！比尔，你在看什么书呢？”

比尔·盖茨抬起头，回道：“是《世界百科全书》，爱德蒙，你知道毛毛虫是怎么变成蝴蝶的吗？你知道无毒蛇有多少种吗？你知道……”

爱德蒙打断比尔·盖茨的提问，说：“我当然不知道，我又没看过这本大厚书。比尔，这么厚的一本书，你什么时候能看完？”

比尔·盖茨合上书，站起来伸了个懒腰，又踢了踢腿，说：“总能看完的。等我长大了，会看得更快。”

比尔·盖茨知道爱德蒙来找他肯定是邀他出去玩，就问：“我们是去滑水橇，还是去玩克郎球？”

爱德蒙说："随便。"

比尔·盖茨把书放回书架，领着爱德蒙来到他自己的房间。

爱德蒙看见比尔·盖茨的小书架上摆满了新书，问："你又买了这么多书？"

比尔·盖茨一边换衣服，一边说："这些书大多是父母亲给我买的。我很爱读这些历史人物的传记，他们都很了不起。你看这两本，《麦田里的守望者》和《另一个和平》，写得真好！"

11岁时，比尔·盖茨和爱德蒙一起去登西雅图的卡斯卡山，悬崖峭壁，针叶树随风摇曳。他们站在山顶，看着绿白相间的渡船点缀在浩渺的太平洋上，海鸥在碧波上自由地盘旋起伏。一座座鲜花绿树掩映着的别墅，在岸边连绵不绝。波音公司耸立在海边，西雅图是波音公司的基地，全市近半数的人在这家公司工作，所以人们把西雅图称为"波音城"。

爱德蒙说："以后你想当什么？"

比尔·盖茨反问道："你呢？"

爱德蒙说："我想像我父亲一样做心脏外科医生。"

比尔·盖茨想了想，说："我要做荒丘上的橡树。"

爱德蒙笑了："做橡树有什么意思？又在荒丘上……"

比尔·盖茨解释说："与其做一株绿洲中的小草，不如做一棵荒丘上的橡树。小草千篇一律，毫无个性，而橡树高大挺拔，昂首天穹。屹立在天地之间，是让人无法漠视的王者。"

爱德蒙并没有想这么远。

比尔·盖茨对爱德蒙说："人的生命来之不易，要珍惜这来自上帝的伟大馈赠。"

比尔·盖茨坚持每天写日记，随时记下自己的想法，小小的年纪却深思熟虑。比尔·盖茨在日记中写道："也许，人的生命是一场正在焚烧的'火灾'，一个人所能去做也必须去做的，就是竭尽全力在这场'火灾'中去抢救点什么东西出来。"

不久后，老师请比尔·盖茨父母到学校面谈。比尔·盖茨的父亲去了。老师毫不客气地说："比尔·盖茨根本不能合群，这让周围的同学很讨厌他。有同学说在'讨厌'这个词被发明出来之前，他就是个令人讨厌的人。还有一个同学说，比尔·盖茨是一个'非常讨厌的人，他容易让人反感。我和很多人在走廊上碰到他时都会故意撞他，就是为了让他觉得不好受。'"比尔·盖茨的父亲和老师一起分析，到底是比尔·盖茨提早叛逆了，还是有"个性缺陷"。老师摇摇头，说："他读了太多书，太自大了。"

从学校开车回家的路上，比尔·盖茨的父亲想：傲慢、自我对于一个孩子来说，并不是一个小问题。太自我可能导致一个人变得很自私。一个自私的人，即使有些许成就，也是个无益于社会的人。一定要找个机会让比尔懂得这个道理。

比尔·盖茨的父亲又去见老朋友戴尔·泰勒。戴尔·泰勒是西雅图大学社区公理会教堂德高望重的牧师，并且兼任比尔·盖茨教会学校的牧师。泰勒对比尔·盖茨的父亲说，比尔·盖茨虽然参加了唱诗班和童子军，但是看得出来，比尔·盖茨平时并不经常读《圣经》。比尔·盖茨的注意力，都在百科全书和科学上。于是他们想到了一个激将法。一天，泰勒牧师向比尔·盖茨所在的班级宣布："谁能流利地背诵出《马太福音》第五章到第七章的全部内容，我就邀请谁去'太空针'高塔餐厅吃晚餐。"

"太空针"高塔高184米，登上"太空针"高塔餐厅可以饱览整个西雅图的景色。这个奖励对所有人来说都有着巨大的吸引力，对比尔·盖茨也不例外。不过，要获得与泰勒在这家餐厅共进晚餐的机会绝非易事。这几个章节很长，而且连贯性不强，还很拗口。牧师对学生们说："我教学几十年了，至今还没有遇见一个学生能够一字不漏地背下这几个章节。恐怕这顿晚餐，谁也吃不上。"

《马太福音》是《圣经》中的一卷，比尔·盖茨在父母的书架上看到过。他知道这几个章节松散而又冗长，前后句子之间也没有连贯性，非常难以记忆。但他决定迎接这个挑战。

经过一段时间的准备后，背诵比赛开始了。在严肃的泰勒面前，比尔·盖茨信心十足、抑扬顿挫地背了起来："耶稣看见这么多人，就上了山坐下，门徒到他面前来，他就开始教导他们，说：'虚心的人有福了！因为天国是他们的。哀恸的人有福了！因为他必得安慰。温和的人有福了！因为他们承受土地。饥渴的人有福了！因为他们必得饱足。怜恤的人有福了！因为他们心蒙怜恤。清心的人有福了！因为他们必得见神……'"

从头到尾，比尔·盖茨没有出现一个错误，甚至没有出现一点结巴。一个11岁的孩子能够如此流利地背诵这段冗长又拗口的文字，让有着多年教学经历的泰勒很惊讶。泰勒随后就《马太福音》这几个章节向比尔·盖茨提了几个问题，比尔·盖茨的回答也令他非常满意。泰勒便问比尔·盖茨是怎么背下这么长的文字的。比尔·盖茨不假思索地回答："只要竭尽全力，我就能做成我愿意做的事情！"

比赛那天，比尔·盖茨的父亲就在走廊上。泰勒走出来，对比尔·盖茨的父亲说："比尔·盖茨是一个与众不同的孩子。我无法想象他竟有如此高的天赋……他喜欢接受挑战。尽管'太空针'高塔的晚餐极富诱惑力，但是大多接受挑战的孩子并没有为此做出艰辛努力，只有他做到了。"比尔·盖茨的父亲说："能背诵《马太福音》当然好，关键是让他懂得，他倒背如流的是什么。"

在"太空针"高塔上的豪华旋转餐厅，比尔·盖茨同泰勒共进晚餐。比尔·盖茨坐在窗边，居高临下俯视着西雅图神秘的夜景，他非常高兴，这似乎是他获得的第一个胜利。他并不知道，这场晚餐，是他父亲买单并"导演"的。

泰勒为比尔·盖茨点了牛排、红菜汤。比尔·盖茨吃着牛排，泰勒问："比尔·盖茨，你能用一句话告诉我，《圣经》讲的是什么吗？"比尔·盖茨放下刀叉，回忆起自己所背诵的篇章，说："风随意向哪里吹，你听到它的声音，却不知它从哪里来，往哪里去。凡由圣神生的，都是这样。"泰勒说："比尔·盖茨，《圣经》告诉我们人类的尊严和平等。所有生命的价值都平等，我们希望别人怎样对待自己，也就该怎样去对待别人。"比尔·盖茨认真地听着。泰勒接着说："真正懂得所有生命平等的道理，就不会成为一个傲慢的人。傲慢，是因为把自我放在了至高无上的地位。一切都是我的，这是做人的大忌。当你总是想到他人，你就谦逊了。"

比尔·盖茨似有所悟。泰勒说："从你能一字不差地背出《马太福音》，我就看出你是个天才。有一天，你会像爱迪生一样有很多发明，像他一样富有。但你记住，行善比富有重要。"比尔·盖茨放下刀叉，拿出笔，把"行善比富有重要"这句话写在了餐巾纸上。

晚餐后，泰勒送比尔·盖茨回家，汽车经过贫民区，泰勒问比尔·盖茨："你能用一个字告诉我，《圣经》讲的是什么吗？"比尔·盖茨想了想，不知怎么回答。泰勒说："这个字，就是'爱'。仁爱，对于一个人来说，是第一品德，爱心是所有品德的根本。没有仁爱，就谈不上善良。"比尔·盖茨说："外婆说我是个善良的孩子。"泰勒说："我听你父亲说，你每个周末都会卖坚果，把赚来的钱换成汉堡包，送给那些无家可归的人。你确实是个善良的孩子。比尔·盖茨，世上有很多灾民、难民和还没有解决温饱问题的穷人。有一天，你能帮助他们，那就是大爱。上帝说：'如果你们帮助社会地位最低的人，就等于爱我。'你愿意帮助他们吗？"比尔·盖茨认真地回答道："愿意。"泰勒说："请记住你的诺言，并且信守诺言。”比尔·盖茨伸出手，和泰勒握了握手。

当天晚上，比尔·盖茨在日记中写道：“人生是一次盛大的赴约，对于一个人来说，一生中最重要的事情，莫过于信守由人类积累起来的理智所提出的至高无上的诺言……”

从此，他心里装有诺言。

他发誓，一生坚守诺言。

2008年，比尔·盖茨向全世界宣布：“我们决定不留（财产）给我们的孩子。我们想把它回馈给社会，用在影响力最积极的地方。”“我们都信奉志愿服务和公民参与的价值观。我们家族坚信，如果一个人有幸得到生活的眷顾，他就应该尽其所能，正确明智地使用上天的馈赠。”比尔·盖茨强调，他的财产将不会留给三个孩子，“我坚信将大笔财产留给孩子，对他们是不利的。”他将要退休并将自己所有财产（580亿美元）捐赠给比尔及梅琳达·盖茨基金会。加上过去所捐献的300多亿美元，比尔·盖茨累计捐款近900亿美元。他表示，他95%的资产都会投入到这个基金会中去，“这笔钱将在我跟梅琳达都不在了的20年之内全花出去。”秉承“每个生命都平等”的理念，比尔及梅琳达·盖茨基金会致力于帮助所有人获得健康而有意义的生活。在发展中国家，它主要致力于改善人们的健康，使他们有机会脱离饥饿与极度贫困。

在最近的一次采访中，比尔·盖茨说：“我个人在衣食住行方面已相当不错了。超过某个点，钱对我来讲就没有太大用处了。我的那些钱全部用来建立慈善组织，这些组织会将资源输送到世界上最贫困的地方去。”

记者问他，慈善是否和他的信仰有关。

比尔·盖茨说：“我觉得自己非常幸运，我认为自己有义务消除世上的各种不公。我觉得这就是一种宗教信仰，或者说，至少是一种道德信念。”

“你的慈善到底为了什么？”

“慈善关乎人格尊严与平等，人生来应当平等！所有生命，都价值平等；我们希望别人如何对待自己，也就该如何去对待别人。”

“你对人类有责任感吗？”

“不要让这个世界的复杂性阻碍你的前进。要成为一个行动主义者，要将解决人类的不平等视为己任。”

“你秉承的理念是什么？”

“每个生命都平等。”

比尔·盖茨为基金会运作定下了“15条军规”，明确要求基金会不得有傲慢的“施舍者心理”。

所有生命，不管在哪里度过，都具有同样的价值。

获得最多的人，也被寄予最多的希望。

如果没有父亲为比尔·盖茨安排的“太空针”高塔餐厅的晚餐，比尔·盖茨是否能成为现在的比尔·盖茨呢？也许会。但毫无疑问的是，父亲的这次教育是非常成功的。

一杯冷水

比尔·盖茨四岁的时候，一天，父亲答应星期六带他去湖边野餐。可到周末，父亲突然有个出庭辩护的卷宗需要分析，只能把野餐推到下周。比尔·盖茨在图书室看父亲聚精会神地翻卷宗，吵着要去野餐。父亲将一本废弃杂志的封底撕碎，对比尔·盖茨说：“等你把这上面的世界地图拼完整了，我就带你去。”过了不到五分钟，比尔·盖茨又来拉父亲的手说：“爸爸，我拼好了，带我去！”父亲不信：“小孩子想要玩是可以理解的，但如果为此而说谎话就不好了。怎么可能这么快就拼好世界地图了呢？”比尔·盖茨非常委屈：“可是我真的拼好了呀！”父亲一看，果然已经拼好了，他非常好奇地问：“你是怎么做到的？”比尔·盖茨说：“因为世界地图的背面是一个人的头像。我反过来拼，只要这个人像拼好了，世界地图就完整了。”父亲深有感悟，对似懂非懂的比尔·盖茨说：“所以，做事先做人。做人做好了，他的世界也就是好的。”父亲放下了厚厚的卷宗，兑现了承诺，开车带比尔·盖茨去湖边野餐。

比尔·盖茨的母亲是银行家的女儿，读高中和大学时，她一直都是优秀学生，她还是一名运动员。比尔·盖茨出生后，他的父亲开办了一家律师事务所，家庭经济基础有了保障，母亲便放弃了教师工作，成了一名社区工作的志愿者。她承担的第一项志愿服务工作，是为西雅图历史和发展博物馆做讲解员。工作的内容，主要是到各地的学校为学生们讲解本地区的文化和历史。

当时，比尔·盖茨只有三四岁，母亲不管到哪里，总是把他带在身边。她在学校向学生们讲解西雅图历史和文化情况时，比尔·盖茨就坐在教室最前面的桌子旁边。尽管他是一个顽皮好动的孩子，但似乎对上课有种天生的热情，只要坐到教室里，他就会很专注。比尔·盖茨的双眼总是紧紧盯住母亲，目不转睛，聚精会神。

比尔·盖茨的母亲在传统家庭长大，她想让儿子学习音乐。比尔·盖茨四岁时，母亲就让他弹钢琴，但他弹着弹着，就烦了；母亲又让他学长号，他学了一段时间，并没有表现出这方面的喜好。母亲想着让比尔·盖茨多才多艺，但比尔·盖茨在音乐方面似乎没有太大兴趣。

一次，母亲回到家，亲昵地叫着比尔·盖茨："宝贝！你在哪儿？"

"妈妈，快来啊，我在这儿呢。"母亲打开比尔·盖茨的房间门，不由得怔住了。只见眼前一片狼藉，满地都是被拆得乱七八糟的玩具零件。

比尔·盖茨正兴高采烈地骑在玩具木马上，一边不停地前后摇晃，一边摆弄着手里的玩具零件。

“哦，天啊！你到底在做什么？”母亲惊讶地问他。

“妈妈，我是想看看这些玩具究竟是怎么组装起来的。”

“孩子，你需要按次序一个零件一个零件地进行拆卸，然后再按次序一个一个地组装，那样就很容易了。”母亲并没有责备儿子，而是耐心地教导儿子，并蹲下来帮儿子组装零乱的玩具。

因为有母亲的鼓励和支持，比尔·盖茨总会尝试一些“惊人之举”。他曾把自己的头和屁股一同塞进箱子里，然后弹跳出来，争取一次比一次跳得远，并不断地估计能再跳多远……他时常走着走着便突然跳起来，伸手去碰树枝、门柱、篮球筐以及任何能够吸引他注意的东西。

不过，对于受过良好教育的母亲来说，比尔·盖茨并不是一个乖巧的孩子，他做事磨磨蹭蹭，经常迟到，爱咬铅笔头，吃饭时读书，很少叠被子。妹妹说：“他真的很脏。”母亲时常将好教养灌输给自己的儿女，比如要穿着得体、守时重信、热情好客，以及要具备良好的谈吐和社交能力。比尔·盖茨父母都是在老式家庭中长大，长辈说什么，他们都得服从。但这种模式并不适合于比尔·盖茨。比尔·盖茨年幼的时候，痴迷于阅读，甚至在饭桌上，也一边吃饭一边读书。母亲便告诉他，在就餐时读书，是对别人不礼貌的行为，让他吃饭的时候，放下手中的书。

儿子的行为与母亲格格不入，他们总是为琐事争吵。比尔·盖茨十一二岁时，感情方面就很独立了。他想做什么、不想做什么，都希望由自己做主。这使父母亲很难受，尤其是母亲。

十几岁的比尔·盖茨，心智已迅速地成熟起来，总是喜欢问一些深刻的、与他年龄不相称的问题，比如国际关系、商业法以及生命本质等问题。父亲感到比尔·盖茨对企业事务很有兴趣，并认为这是个好现象，这说明比尔·盖茨认识问题的深度在不断加深。一旦父亲遇到回答不了的问题，比尔·盖茨会当即查阅资料，给出答案。他甚至会马上想出方法驳倒“大律师”父亲。父亲认为，与儿子在很多事情上，有不同的意见或想法，父子一起讨论、争辩，是一种有益于增长见识的做法，可以增进彼此的了解，改变彼此对事物的看法和想法。父亲对培养孩子所持的态度，一直是“尊敬、坦诚地交流和爱”。

但母亲并不喜欢比尔·盖茨这样，因为有时候他的问题太多、太尖锐，父亲都不能给他完美的答复。母亲为他的“自以为是”感到不安，比尔·盖茨不满意母亲阻止自己继续发问。他和母亲间的矛盾，随着他年龄渐长逐渐被激化出来。母亲对儿子的一切期待，忽然间成为双方摩擦的根源。母亲总是在比尔·盖茨面前唠叨，要他能够保持房间整洁，吃饭时不要拖拖拉拉，不要总咬铅笔……这些唠叨，最后都会成为母子俩激烈争吵的导火索。这个时候，父亲会扮演和事佬的角色。把吵得面红耳赤的两个人拉开，安抚他们激动的情绪，将争执平息下来。

儿时的比尔·盖茨，让家人感到骄傲。如今长大了，他不受管束、不服管教和暴躁的脾气让家人很头疼。一家人曾经相当和睦。但这个家，逐渐失去了往日的平和。比尔·盖茨越来越烦躁，动不动就发脾气，这越来越让父亲母亲头痛。在比尔·盖茨12岁那年，他与母亲的争吵达到了高潮。最终，母子间爆发了一场激烈争吵。

一天晚饭时，比尔·盖茨听到母亲又在餐桌上开始念叨了："比尔，真是难以想象，你的房间乱成什么样子了！我真不知道你什么时候才能像你的姐姐和妹妹一样把房间整理得干净利落。"

比尔·盖茨说："哦，妈妈，我没有时间打扫屋子，我更愿意把时间花在看书上。"母亲听到他又把看书作为理由，不免有点恼火："你花在看书上的时间已经够多了，记得下次叫你吃饭的时候要及时到，不要拖拖拉拉的让大家等你。"

比尔·盖茨继续争辩道："你们没必要等我，我饿了自然会吃东西的。"

和所有的母亲一样，玛丽习惯在吃饭前教导孩子。"跟你说过很多次了，看书的时候不要总是用牙齿咬铅笔，你总是改不了这个坏毛病。就算是看书，你也不应该总把自己关在屋子里，这样下去你会被排斥在集体之外的。你已经长大了，要学会怎样和别人交往。下个星期我们的家庭派对要请很多客人来，你要在门口迎接客人并且担当服务生的角色。我想你会从中得到锻炼的。”

此时的比尔·盖茨已经按捺不住心中的不满了，他声嘶力竭地冲着母亲大声喊叫：“为什么每次总是说我做得不对？我已经长大了，不再是小孩子了，我的事情我自己可以处理好，请你们别来管我，到底谁才是决定我人生的主人？是谁！？”

比尔·盖茨的话还没有说完，一杯冷水猛地冲他泼过来，比尔·盖茨一个激灵，喊叫声戛然而止。一向好脾气的父亲看见儿子对母亲大声吼叫，再也按捺不住心中的怒火，拿起一杯水便朝儿子脸上泼过去。父亲说道：“不管谁是决定你人生的主人，你必须知道，她是你的母亲！”坐在桌旁的姐姐和妹妹吓得目瞪口呆，她们很少见到父亲如此生气。比尔·盖茨愣了一下，随后平静地对父亲说：“感谢您为我洗澡。”然后，走出餐厅，离开了家。

在父母亲看来，比尔·盖茨从一个乖孩子变成了一个爱争论并且叛逆的孩子。父亲认为比尔·盖茨在餐桌上冲着母亲大吵大嚷的行为“极其不敬，带有狂妄自大的孩子般的粗鲁”。父亲是一名律师，从未有过如此不冷静的举动，他顿时感到了问题的严重性。一个孩子自以为是就会傲慢无礼，一个人傲慢，还奢谈什么仁爱、谦卑、和睦、宽容、忍耐和感恩。这些品质，都是他们家庭一直引以为傲的传统。但是，对儿子泼冷水的事，他也有些懊悔。他认真地反省了自己的行为，他不希望因此与比尔·盖茨产生隔阂，因为长此以往，将会影响他们之间的亲情。

第二天，父母亲带比尔·盖茨去了心理诊所。心理医生先与比尔·盖茨进行了交谈。比尔·盖茨说：“我和想控制我的父母爆发了‘独立战争’。我想让父母知道，到底谁才是决定我人生的主人。”心理医生给比尔·盖茨讲了很多其他人的例子，让他懂得，故意与父母作对并无益处，父母都是无比爱着自己的孩子的。

心理医生又与比尔·盖茨的父母进行了交流。父亲跟医生讲起，随着比尔·盖茨慢慢长大，他越来越不满母亲的唠叨，母亲对他的期待变成了双方摩擦的导火索。最终，母子之间矛盾爆发，便发生了这次的泼水事件。父亲对心理医生说：“很多时候，一家人因为规则和秩序的问题发生激烈的争吵，这种矛盾看起来难以调和。”心理医生说：“你们与儿子发生了争吵，但你们真的需要理解，他一定要赢得这场争斗。你们的儿子终将赢得‘独立战争’。”

心理医生平静地说：“家长总是以成年人的行为准则来约束孩子们，并试图掌控孩子们的全部行为，但这只会助长孩子的叛逆性格。”

医生建议说：“你们最好减少对儿子生活的干涉。时代不一样了，你们没有必要像你们小时候那样在各方面都小心谨慎。”

医生继续开导他们，比尔·盖茨是个十分独立的孩子，他的人生命运最终还是由他自己来掌握。作为父母，最好是多放手，给他自由，更大的自由。

比尔·盖茨看见父母亲走出诊室，母亲双眼通红，明显刚哭过，他想起自己在餐桌上对母亲大吼大叫，心里非常愧疚。那个时刻，比尔·盖茨意识到："不必在父母面前证明我自己，而应该思考该做些什么来向世界证明自己。"

就这么一杯冷水，泼醒了比尔·盖茨。

2001年7月，《机会》杂志在意大利米兰创刊。为了能在业内一炮打响，董事长亨利·肯德里提议，请比尔·盖茨来写创刊词。比尔·盖茨答应了，在纽约开往内罗毕的飞机上，比尔·盖茨接受了一刻钟的采访。记者为采访草拟了三个问题：第一，您认为最不能等待的事是什么？第二，您认为谁不会第二次前来敲门？第三，您认为现在最需要抓住的是什么？

记者以为，只要比尔·盖茨回答了这些问题，《机会》杂志就有了世界上最绝妙的创刊词。对于第一个问题，比尔·盖茨说："根据我的亲身经历，我认为天下最不能等待的事是孝顺。第二个问题，假若你问的是一位不可一世的年轻人，他也许会说，被他打败的对手不会第二次前来敲门。然而，对一位40岁的男人而言，他一定会认为，不会第二次前来敲门的只有一件事情，那就是初恋。至于第三个问题，恕我直言，是行善。天下最不能等待的事，是孝顺。当下最需要抓住的，是行善。"

采访结束了，记者自始至终没听到“机会”二字。就在记者失望地返回座位的同时，坐在旁边的美国《生活周刊》的一位记者在笔记本上写下这么一行字：“在现实社会里，人们总认为，最不能等待的是机会；最不可能第二次前来敲门的是机会；最需要抓住的是机会。其实，这种来自战场和商海里的观念，并不适合于生活。”

比尔·盖茨回答的这三句话，后来出现在了美国《生活周刊》的卷首语上。

第一个奖杯

西雅图里奇景小学的荣誉教室里，保存着比尔·盖茨获得的第一个奖杯。那是一座铜质奖杯，一行醒目的字刻在奖杯的底座上：奖给在演讲比赛中表现突出、成绩优异的比尔·盖茨同学。

那是1965年春天的一个早上，正在上四年级的比尔·盖茨不安地坐在教室里，焦急地等待着班主任宣布班里演讲比赛的备选人名单。比尔·盖茨所在的里奇景小学，每年都会举行一次演讲比赛。每个班级都将挑选出三个备选人。当班主任宣布了这三个人的名字后，比尔·盖茨很失望，并没有他。由于比尔·盖茨的声音比较细，与老师挑选演讲者的要求相去甚远，而他的同桌由于声音甜美被老师选中了。

很快这三位同学就进入了演讲前的强化训练，但让老师意外的是，比尔·盖茨的同桌仅仅上了一堂培训课就再也不愿意去了，因为他受不了那种枯燥乏味又严格的培训。这让老师很失望，但此时比尔·盖茨却为此庆幸不已，他知道证明自己的机会来临了，他决定挑战自己，培养自己的演讲能力。于是，比尔·盖茨信心十足地向老师提出了代替同桌前去参加演讲比赛的请求。

“什么，你？”老师一脸疑惑，她没想到瘦小的比尔·盖茨会毛遂自荐。

“是的，老师。只要您同意，我一定会尽我最大的努力取得出色的成绩。”

老师有些犹豫：“但是，你要知道，演讲必须要有一定的条件……”没等老师把话说完，比尔·盖茨就斩钉截铁地说：“拿破仑曾说，‘不可能’这几个字，只在愚人的字典中找到。在我的字典里，从来都没有‘不可能’。”

老师看着他问：“你这么自信吗？”

“老师，请您相信我，我一定会取得第一名的，我向您保证！”

看到比尔·盖茨如此坚持，如此有信心，老师同意了他的请求。比尔·盖茨欣喜若狂，他开始搜集资料，努力研究演讲技巧，最终突破了自己的声音缺陷。他不但轻而易举地通过了初赛和复赛，而且还在决赛中战胜了比自己大两岁的对手，获得了冠军，得到了自己生平的第一个奖杯。

比尔·盖茨拿着奖杯，来到父亲工作的律师事务所。那天父亲正在和几个律师开会。会议结束，父亲走出办公室，看到儿子向他晃着奖杯。比尔·盖茨说：“这是我演讲获得的奖杯，有一天我也会成为律师。”父亲知道比尔·盖茨的志向是法学博士。父亲带着“未来的律师”到餐厅庆祝他的胜利。父亲和他干杯，说："比尔·盖茨，刚才你来的时候，我们正在商议一个案件。我讲给你听，你告诉我应该怎么判决。"比尔·盖茨眨着眼睛，认真地听着。

父亲说："我有一个律师朋友，他在法学院拿了无数的奖杯。他开了一家律师事务所，他的一位客户留下了2000万美元的信托，这位律师成了共同受托人和法律顾问，而那些信托受益人坚信这位律师对他们收费过高，于是对他展开了诉讼，希望降低信托律师费。随着案件的进展，一份备忘录显示：这名律师曾经明确指示律师事务所的同伴在该项信托案中，夸大工作时间并超额收费。你觉得作为一个律师，这样做对吗？"

比尔·盖茨说："不对。"

父亲说："为什么？"

比尔·盖茨说："他违约了。"

父亲说："他并没有违约。因为合同里写明了价格是弹性的。"

比尔·盖茨想了想，不知应该怎么回答。

父亲说："这位律师，错在没有诚信。诚信意味着良知、道义和成熟。"

晚餐后，父亲开着车，带儿子前往华盛顿大学，这是他上大学的地方。他把车停在停车场，然后带着儿子，走在月光下的校园里。

父亲给比尔·盖茨讲起了自己年轻时的一段经历。

读大学的时候，出于信任，我的一位朋友告诉了我一些关于他个人的非常私密而重要的故事，他叮嘱我不要向其他任何人提起，我答应了他。但是，这个故事是如此隐秘，年轻而缺乏定力的我，实在无法克制告诉别人的冲动，于是这个故事很快成了公开的秘密。结果，我失去了一位朋友；同时我也学到了一个重要的教训——承诺不必书面写在合约中，也无须正规地以“我承诺”来显示其重要性，但即便是面向社会大众所作出的没有特定对象的承诺，也必须兑现。而我们当中的许多人作出承诺时，太随便、太轻易了。如果你不打算保守秘密或你自己也记不清你何时何地曾作出过哪些承诺，那么就不要轻易许下承诺。

比尔·盖茨问：“还能再找到那个朋友吗？”

父亲说：“不能，他已经过世了。”

比尔·盖茨说：“他一直没有宽恕你吗？”

父亲说：“没有。”

比尔·盖茨默不作声地看着夜空。父亲说：“要成大事必先取得他人信任，一个可被信赖的人，必须做到有诺必行，行必尽力。”

不久，信托受益人赢得了官司，同时法院宣布取消该律师作为共同受托人的资格。父亲是信托受益人的辩护律师，回到家后，他告诉了比尔·盖茨案件的结果。

父亲问："如果你是一个律师，你怎么选择呢？"

比尔·盖茨深思熟虑后说："我觉得，金钱事小，诚信事大。"

父亲说："是的，诚信比财富更有价值。坚持诚信，才是人一生最大的财富。"

比尔·盖茨说："放心吧，父亲，我会做无愧于心的选择。"

比尔·盖茨的父亲退休前是Preston Gates & Ellis律师事务所的合伙人，这家律师事务所后来更名为K&L Gates，成了全美十大律所之一，旗下有超过1800名律师。

1994年，与威廉·盖茨相伴40年的妻子玛丽因癌症逝世后，比尔·盖茨的父亲就一直希望用各种社会工作让自己忘却悲痛，特别是妻子钟爱的慈善事业。1998年退休时，父亲接受了儿子和儿媳梅琳达的建议，担任比尔及梅琳达·盖茨基金会联席主席一职，从事慈善事业至今。比尔及梅琳达·盖茨基金会是全球最大的慈善组织，而比尔·盖茨的父亲就是这个庞大组织的管理者，虽已是耄耋之年，他仍然坚持每天亲自开车到基金会上班。

比尔·盖茨谈起自己的父亲曾这样说："我特别钦佩他的诚信。他是我所认识的人里最聪明和最冷静的，他在如何思考问题方面使我受益匪浅。"

请家长

比尔·盖茨读三年级时的一天，他一放学回来就躺在沙发上，满脸不高兴的样子。

母亲问："怎么啦？"

"罗勃老师请你明天去学校。"

"为什么？"母亲有点意外。

比尔·盖茨突然脱口而出："我要退学，我再也不想上学了！"

"怎么回事？"母亲被比尔·盖茨突如其来的话吓了一跳。

"罗勃老师讨厌我，我也讨厌他！"

第二天上午，比尔·盖茨的母亲匆匆忙忙赶到学校。就在走近比尔·盖茨教室的时候，里面传来罗勃老师发怒的声音。

"为什么每次我叫你，你都浑然不觉？每次都要伊丽莎白提醒你才回过神来，你究竟在想什么？"

"我只是在想事情。"比尔·盖茨老老实实地回答。

"还有，你为什么就不能改掉左撇子呢？你为什么不能和普通孩子一样呢？又是左撇子，又是多动症，你怎么没有一点家教呢？”

“老师，我生来就是左撇子。”

“还有，我昨天不是跟你说过吗？让你把桌子整理一下，瞧你的桌子乱成这个样子，简直比垃圾堆还垃圾堆。”

比尔·盖茨的母亲看到儿子低着头被训的样子，在教室外面焦心如焚。下课了，比尔·盖茨的母亲走近罗勃老师，再三向老师解释，比尔·盖茨绝对不是一个坏孩子，也绝对不是存心要与老师作对，他只是散漫惯了。罗勃老师是个从来不会笑的人。不仅不会笑，还一脸愠怒。

罗勃老师看着比尔·盖茨的母亲，反复强调“秩序是一切的基础”，并向她数落比尔·盖茨的“罪状”：“他是个捣蛋鬼，是个不听话的孩子。他有多动症，他在课堂上总是坐不住，身体老是晃个不停。这么爱动的孩子到了下课时间，却又懒得出去玩耍，只是一动不动地坐在自己的位子上看书……”

母亲为比尔·盖茨辩护：“对于他感兴趣的事，他会很专心的。”

罗勃老师和比尔·盖茨的母亲针锋相对：“他孤僻、自闭、独来独往，不愿和其他同学交往，总是显摆自己比别人读的书多，还常常一连发呆几个小时。同学们说他很讨人厌，总是很自负，特别好斗。”

比尔·盖茨的母亲说：“他从小就喜欢思考。”

罗勃老师没有消气：“他为什么就不能改掉左撇子，不能改掉多动症呢？为什么不能和普通学生一样呢？”

比尔·盖茨的母亲没有和罗勃老师理论，她知道，每个孩子都有自己独特的个性，例如“左撇子”这件事，有的父母会强迫自己的孩子改变成和普通孩子一样，可这样做会扼杀了孩子的特性，也很可能也扼杀了孩子的才华。

她从来都不介意比尔·盖茨不同常人的习惯，而是培养和引导他将最优秀的一面发挥到极致。

罗勃老师递给母亲一张比尔·盖茨的试卷：“都说他聪明，可他的宪法课，没有答对几道题。他是班里错误最多的学生。一个孩子连宪法都答不出来，还有什么指望呢。”

母亲离开了罗勃老师，向比尔·盖茨走去，比尔·盖茨想，母亲一定会像罗勃老师一样教训自己。没想到，母亲说：“罗勃老师夸你爱看书、爱思考。”儿子沮丧的脸，顿时有了光泽。母亲并没有把那张宪法答卷给儿子。她知道儿子没有答对题目，只是因为他没有用心。

比尔·盖茨的母亲离职前是个中学老师。她知道，一百句批评也比不上一句赏识。她知道，儿子此时需要的是赞扬和鼓励，而不是打击儿子的自尊心。她也知道，很多家长都跟着老师的思维走。如果老师否定了孩子，家长也跟着否定。如果老师不满孩子的行为，家长也会跟着对孩子失望。

比尔·盖茨的母亲看到了儿子的优点，并用欣赏的眼光看他。她让儿子在“我是好孩子”的心态中成长。

如果平时总是用挑剔的眼光看孩子，放大孩子的弱点和短处，就会使孩子产生自暴自弃的情绪，在“我是坏孩子”的意念中沉沦。如果平时总是用欣赏的眼光看孩子，点亮孩子的优点和长处，就会使孩子的心灵得到舒展，潜能得到发挥，让孩子在“我是好孩子”的心态中成长。

1975年的母亲节来临前，比尔·盖茨给母亲寄去了一张贺卡，这一年他在哈佛大学读二年级，他在贺卡上这样写道：“我爱您！母亲，您从来不说我比别的孩子差，您总在我做的事情里寻找值得赞扬的地方，我怀念和您在一起的所有时光。”

比尔·盖茨从母亲那里得到了一种非常宝贵的东西，他得到的是一份可能被许多母亲忽视的东西——赏识。正是母亲的赏识使他对自己充满了自信。这就是赏识的神奇力量。

班主任

父母担心比尔·盖茨与罗勃老师的矛盾被激化，决定让比尔·盖茨转班。换一个环境，也许比尔·盖茨就不会像现在这样厌学。新的班主任是海瑟·卡尔森。一看到卡尔森老师，比尔·盖茨的母亲就放心多了。她想，至少这个老师会笑！为了避免发生冲突，父母亲常常提醒比尔·盖茨，任何团体都有一定的规范，个体不可以太任性。然而，比尔·盖茨并不是不懂这些大道理，他仍会“管不住自己”，无法完全按老师的意愿做事。有时候，明明是在想着老师所提的问题，可是想着想着，身体就不知不觉地晃起来了。就这样，无论比尔·盖茨怎样努力，他都一直不太适应学校的生活。

四年级的时候，父母亲不得不考虑让比尔·盖茨降级一年。为此，校长特别邀请了比尔·盖茨的新班主任海瑟·卡尔森女士和比尔·盖茨的父亲母亲一起讨论。

校长说：“其实降不降级不是最重要的，最重要的是让每一个孩子在学校里都能快乐。”

比尔·盖茨的母亲点头说：“我也希望比尔·盖茨快乐，

所以才会作出降级的考虑。我们觉得他似乎能跟得上，但他总是不愿意完成作业，而且在班上也没什么朋友。”

校长问卡尔森老师：“卡尔森女士，您认为呢？”

“我倒不认为比尔·盖茨跟不上，我想他只是太特别了，他不肯写作业，可能是觉得作业太无聊了。”

“真的吗？您真的认为比尔·盖茨很特别？”比尔·盖茨的父亲问。

“是的，从表面上看，他似乎很散漫，精神不集中，但其实他的计算能力和阅读能力都高出同年龄的孩子很多。”卡尔森老师举例说，虽然比尔·盖茨才九岁，可是他已经熟读百科全书。随便翻开哪一页，问他几个问题，他都答得出来。有一次，老师让同学们写一篇不超过20页的故事，比尔·盖茨浮想联翩，竟写出长达一百页的神奇而又曲折的故事来，这让老师和同学们十分惊讶！

听了卡尔森老师的评价，比尔·盖茨的父亲笑着说：“想不到我儿子这么有个性！”

“他有独立好强的个性。”卡尔森老师表示赞同，“比尔·盖茨似乎只愿意做他感兴趣的事。他最差的功课——宪法课，只是因为他不感兴趣。也许对他来说，这实在是太简单了。他认为分数的好坏并不重要，重要的是自己能学到什么东西。他并没有在自己的各门功课上平均用力，而是注重自己的兴趣和特长的发挥。对待学习，他并不像其他同学一样死用功，而是能在学习中发现一些规律，这使他能很轻松地拿到高分。他的数学和自然科学方面的知识早已经远远超过同龄人。”

校长说：“这么说，比尔·盖茨是一个很优秀的孩子。”

卡尔森老师接着说：“他是我所教过的学生中最聪明的一个，我估计他的智商在160—170！”

卡尔森老师望着有点茫然的比尔·盖茨的父母亲，又强调说：“我是学特殊儿童教育的，特殊儿童就是天才！”

“难道比尔·盖茨会是天才？”父亲母亲有些惊奇。

卡尔森老师点点头，说：“是的，比尔·盖茨已在同龄人中显示出了超人的智力和与众不同的性格。他总是有不同于其他同学的想法和行为，他对打闹嬉笑从来都不感兴趣，只是一个人坐在那里，不是看书就是静静地思考。他从来不受环境和他人舆论的影响，我行我素，因为他已经拥有了自己独特的世界。”

经过卡尔森老师和校长的耐心解释，比尔·盖茨的父母亲打消了让比尔·盖茨降级的念头。校长和班主任一致认为，比尔·盖茨是一个能力很强的孩子，他的思想更胜过他的能力！

可以说，比尔·盖茨很幸运，他遇到了经验丰富的卡尔森老师。这位女教师善于针对不同学生运用不同的教育方法。她对比尔·盖茨从来不批评、不打压，而是鼓励他、激励他。

卡尔森对比尔·盖茨的爱护和鼓励，为他的成长营造了很好的环境，她不仅没有阻碍他的发展，还使他的才能得到了充分的展现和进一步的发展，使他将这种能量最大限度地发挥出来。

一天，父亲问比尔·盖茨："你还是你，依然有多动症，依然上课不专心，为什么罗勃老师怎么看你都不顺眼，卡尔森老师却把你当成掌上明珠呢？"

比尔·盖茨说："因为卡尔森老师像母亲。"

父亲说："宽容是一种美德，是一种需要历经磨炼和忍耐才能够形成的一种人格魅力。学会宽容就等于学会了爱和理解。你能做到像卡尔森老师那样宽容吗？"比尔·盖茨望着父亲，他第一次意识到，父亲身上的风度是无法模仿的，父亲对他的良苦用心也是无比深刻的。

一篇作文

卡尔森老师让班上的同学阅读一本有关人体器官的书。这本书一共有14页。才一会儿工夫，卡尔森就看到比尔·盖茨把书本合了起来，一如既往地开始在椅子上晃动。

“比尔·盖茨，你看完了吗?”她问。

“是。”

“全都看完了吗?”卡尔森有些意外。

“是。”

“可是，别的同学都才看了一两页呀！既然你都看完了，那你讲给我们听听好不好？这本书介绍了哪些器官？它们又有什么作用呢?”

比尔·盖茨回答道：“这些器官包括：眼睛，让我们看东西；鼻子，让我们呼吸；嘴巴，让我们说话，还有吃东西……”

他准确地说出了书中的许多内容。讲到“大脑”时，他说：“这是最重要的器官，它让我们想事情。如果有一天我的大脑坏了，需要换一个新的，我一定要换一个聪明的。”

当天，卡尔森老师给学生布置了一篇有关人体器官特殊作用的作文，要求篇幅约为四五页纸。比尔·盖茨回到家，翻开父亲书房里的《世界百科全书》和其他有关医学、生理、心理等方面的书籍，洋洋洒洒写了30多页。写这篇作文时，他发现很少有人介绍眉毛的作用，为了知道眉毛的具体作用，比尔·盖茨偷偷用父亲的剃须刀把自己的眉毛剃掉。经过亲身的体验，他终于知道了眉毛的作用，原来眉毛是用来防止额头上的汗水直接流到眼睛里去。第二天他就这样秃着眉毛来到了教室，同学们窃笑不已，但是他并不在乎。就这样，比尔·盖茨非常出色地完成了这次有关人体器官特殊作用的作业。

卡尔森把比尔·盖茨的作文贴在教室的板报上，让其他的同学欣赏。同学们看了板报，说："比尔·盖茨总是充满了自信和强烈的好胜心，不管做什么事，总喜欢一鸣惊人，他将来可能会获得诺贝尔奖。"爱德蒙说："不管比尔·盖茨做什么事，他总喜欢'登峰造极'，不到极致，他绝不甘心。"

父亲下班回来，比尔·盖茨迫不及待地把这篇作文给父亲看。父亲吃完饭，一口气读完这篇30多页的作文。比尔·盖茨等着父亲夸他知识渊博。父亲放下作文，带比尔·盖茨走出餐厅，到后院的花园里散步。

父亲看着夜空，问比尔·盖茨："你说，人的身体，最重要的器官是什么？"

比尔·盖茨说："大脑。"

父亲说："我给你讲一个发生在我身边的故事。"

两人坐在花园的椅子上，父亲讲起了希拉丽阿姨，他的大学同学，一位女律师所遇到的艰难选择。希拉丽阿姨所辩护的公司被指控犯有贿赂美国工会官员的罪行。那个检察官指控说，被告公司通过贿赂工会代表，使得工会配合公司谋取利益。希拉丽阿姨的工作是为该公司洗脱行贿罪。当开展调查研究时，她在客户档案中发现了一张鸡尾酒餐巾，上面是她客户的字迹："为'某某'买一台新的电视机。"而写在餐巾上的"某某"正是工会代表的名字。希拉丽阿姨知道，一旦餐巾上的字迹作为证据完整地保留在文件档案中，按照法律流程传到起诉律师手上，那么她客户的罪名将成立，她所辩护的公司也会被指控有罪。她的客户心惊胆战，出高价恳求她销毁这个证据。除了客户，没有人知道有关餐巾的事情，她可以很容易地"销毁"这一定罪的证据。然而，她坚持做正确的事情。

父亲讲完这个故事，问比尔·盖茨："希拉丽阿姨和她的客户都有着非凡的大脑，对他们而言，什么是更重要的呢？"

比尔·盖茨看着父亲，说："正直。"

父亲看着比尔·盖茨："比尔，一个人最重要的是良心。艾伦·温斯坦说过，时时'问自己的良心是不是清白，并保持清白'。"

比尔·盖茨看着父亲，问："其他的律师，为了打赢官司，会销毁证据吗？"

父亲说："我一生中的大部分时间用于法律工作。我遇到过不少律师，也目睹了不少律师迷失在人生的十字路口。许多律师在面临诱惑时，未能坚持原则和职业操守，而是采取了错误的选择，从而陷入了职业生涯的歧途。”

“父亲，您有过错误的选择吗？”

“比尔，无论我们如何谦逊，无论我们的职业如何高尚，我们都脱离不了人性的束缚，我们也会犯错。”

“怎么判断对错呢？”

父亲看着头上的星空，对比尔·盖茨说：“伟大的哲学家康德说过，世界上最使人敬畏的，就是头顶上的星空和心中的道德律。每一份职业都会遇到诱惑的挑战，每一个人的生命中都会出现正直和诱惑相遇的十字路口。一个正直的人在面对诱惑时，会听从内心原则的呼唤，无论处于何种不利的境界，他始终会将它作为道德的底线。”

比尔·盖茨说：“父亲，一个人每天面对着诱惑，真的能守住良心和道德的底线吗？”

父亲说：“在我们的生活中，常常有机会在无人监督的情况下做我们想做的事情。然而，正是在这样无人监督的环境中，我们形成并培育着我们的性格。我们每个人都会犯错误。但是，正如经典著作所证明的那样，没有什么事比战胜自己的欲望更艰难，努力成为一个正直的人、拥有一颗伟大的心，比一切都重要。”

比尔·盖茨第一次感受到了自己跳动的心。原来，心比大脑还要重要。

投资报告

12岁时，比尔·盖茨写了一份《为盖茨股份有限公司投资》的报告。这篇报告几乎动员了全家人，外祖母帮着弄封皮，父亲帮着装订。在报告中，比尔·盖茨把资本比喻成一个年轻人，把自己想象成一个发明家，向医院销售一种心脏保护系统。他清楚地知道资金和人力资源的重要性，他在报告中说："假如我的想法好，且能雇到优秀人员并得到足够的资金，我一定会成功。"父亲看了他的报告，注意到里面一个词，"当代英雄"。父亲了解比尔·盖茨，他从小崇拜拿破仑，想成为拿破仑那样的当代英雄。

父亲带他去托马斯叔叔家。托马斯叔叔家里，只有一位老母亲，每天坐在海边，看着海对面的一所监狱。托马斯叔叔是父亲的大学同学，他是法学院最优秀的学生，教授给他的评价是"一位年轻而正直的年轻律师"。托马斯叔叔在水门事件的时候，是前总统理查德·尼克松的"水管工处"成员。作为这样一支专为堵塞泄密漏洞而成立的调查队伍的成员，不可避免地会被卷入政治斗争之中。他一心致力于服务总统和政治事业，最终这位年轻律师因策划了一宗入室盗窃案，被指控犯罪并进入了监狱。

托马斯叔叔被判处了十六年刑期。他的母亲，每天眼巴巴地看着监狱的方向。多年后，托马斯叔叔刑满释放，他被法学院聘为教授，专为律师和法学系的学生讲课，讲述越过道德操守警戒线的职业风险。托马斯叔叔的劝诫是：“当你做出一项决定前，永远不要忘记问自己：这样做正确吗？”

比尔·盖茨随着托马斯叔叔母亲的双眼也看着监狱的方向，想着托马斯叔叔，父亲的同学，这位法学院最聪明的高才生，因为不择手段、没有底线而被告入监狱。

父亲说：“比尔，你不止一次提到当代英雄，最近我常常在想，谁是当代英雄？每个时代都有每个时代的英雄。历史上英雄的诞生，需要天时、地利、人和。拿破仑这样的人物也是天时、地利、人和所造就的英雄。不过我认为有一种人，也是英雄。”

比尔·盖茨问：“哪种人？”

父亲说：“半年前，我接了一个案件。一个医生为一起医院致人死亡的医疗事故出庭作证。他如果作证，就会被医院开除。可这个医生，为了良心的底线，为这件事情付出了巨大的代价，甚至是生命的代价，但他毫无怨言。这就是英雄。”

比尔·盖茨说：“我们能去看看这位医生吗？”

“这位医生已经被车撞死了。有人说，是被医院雇用的杀手谋杀了。有人说，这是他自找的。我认为人们应该给他立一座碑，他就是英雄。为了和自己毫无利益关系的一件事，不计任何回报的善举，在我眼里，他是善美的化身。

比尔·盖茨说："等我长大了，我一定给他建一座雕像。"

父亲说："是的，当代英雄，应该是这样的人：不同流合污，不随波逐流，不为钱财所动，不为利益所驱。为了自己心中的正义和道德的底线，敢于和恶势力决裂，这就是当代英雄。"

告别了托马斯叔叔的母亲，在坐车回家的路上，比尔·盖茨看着窗外，望着灯火辉煌的西雅图，想着托马斯叔叔因为越过道德底线而锒铛入狱。父亲的证人因为坚守道德底线而横遭车祸。他第一次意识到，这是一个严酷的世界。父亲看出比尔·盖茨还在想着这些事，问道："你在《为盖茨股份有限公司投资》的报告里，预测了你公司的未来。你说说，一个人的基石是什么，一家公司的基石是什么？"

比尔·盖茨期待着父亲给出答案。

父亲说："诚信，是人的基石。真诚、信赖和诚实是最基本的人格，也是最难做到的。托马斯叔叔没有做到，所以入狱了。我的证人做到了，但被谋杀了。"

父亲沉默了。

比尔·盖茨想了想，说道："父亲，我明白了，当代英雄，是守得住底线的人，是有高尚人格的人。"

我们的邻居

卡尔森老师给比尔·盖茨的父亲打电话，让他来学校里谈谈。父亲在电话里问，是不是比尔·盖茨惹什么麻烦了。老师说，来了再说吧。父亲不知道儿子在学校里捅了什么娄子，让善良宽容的卡尔森老师必须请家长面谈。父亲立即放下了会议，开车到学校。

在走廊上，父亲见到了卡尔森老师。老师请比尔·盖茨的父亲来到办公室里。刚刚坐下，卡尔森老师说："也许我把比尔·盖茨惯坏了，我总是告诉他和班里的同学，比尔·盖茨是'世界上最聪明的孩子'，我本想多多鼓励他，却发现这反而助长了他的骄傲。他习惯性地批评他人，即使给他看《蒙娜丽莎》，他都会看到"败笔"。一旦发现别人的漏洞，他就会用他最喜欢的字眼，诸如'傻瓜''疯子'之类将人贬得体无完肤。"

父亲听了，一点也不意外。比尔·盖茨喜欢竞争，喜欢争第一。不管是与姐姐克里斯蒂一起玩拼板游戏，还是在每年一度的家庭体育比赛上，或是与其他朋友在乡村俱乐部的游泳池里，他从不放过任何一次证明自己的机会。他已经习惯了赢的感觉。

卡尔森老师说："就连对好友爱德蒙，他也丝毫不示弱。他们两人是最好的朋友，爱德蒙是个不太爱争胜的学生，只要爱德蒙输了，比尔·盖茨就会说，能赢过我的人，还没出生呢，爱德蒙经常被他气哭。和比尔·盖茨交往，必须让他占上风，才能成为朋友。他对爱德蒙说：'我很好相处的……只要让我拿主意就行。'"

卡尔森老师几乎把全班同学对比尔·盖茨的评价都告诉了比尔·盖茨的父亲。卡尔森老师说，比尔·盖茨根本不能合群。他和同学搞不好关系。除了爱德蒙，他没有朋友。周围的同学都排挤他。

父亲说："以前的老师，也因为这个请我来过学校。"

卡尔森老师说："比尔·盖茨确实是我见过的最聪明的孩子，但我感觉他太骄傲了。他读了太多书，太狂妄自大了。他瞧不起同学。所以，那些同学就会排挤他。"

骄傲，似乎一直伴随着比尔·盖茨，每个教过他的老师都提过他的这个缺点。很多家长可能觉得骄傲不是什么大问题。但比尔·盖茨的父亲知道，对于一个人而言，骄傲往往会成为一个最大的缺点。一旦骄傲就会看不见别人的优点，自以为是，就会伤害别人，肆意嘲笑别人不如自己的地方。

比尔·盖茨的父亲离开学校时，心里沉甸甸的。他在想，比尔·盖茨为什么会成为一个傲慢的孩子呢？

回到家，父亲把卡尔森老师请他去学校的事情告诉了比尔·盖茨。

比尔·盖茨说："那些同学讨厌我，我也讨厌他们。"

父亲说："你说你爱卡尔森老师，她是一个宽容的人，宽容就是爱和理解。你能做到像卡尔森老师那样宽容吗？"

比尔·盖茨说："我做不到。"

父亲说："其实，卡尔森老师知道，生活中没有十全十美的人和事，任何事物都有残缺，苛求本身就是一种不正确的生活态度。因此，宽容地对待人和事，其实是在学习如何更好地生活。要学会善待我们身边的每一个人，要从宽容他们的过失做起。"

比尔·盖茨说："可他们并不包容我。"

父亲说："每个人都有自尊心，不仅你自己，别人也很在乎自己的'面子'。懂得尊重他人的人，才会被尊重。我们不能宽容对待他人，就是在给自己树敌；只有学会宽容，我们才能有更多的朋友。"

比尔·盖茨说："和他们做朋友，太难了。"

父亲认为和儿子辩论毫无益处，当即决定周末带比尔·盖茨去拜访他们的邻居比尔·福奇一家。

福奇博士在华盛顿东部的一个小农场里长大。当他还是一个小男孩时，他就开始阅读阿尔贝特·施韦泽[①]的著作，并

① 阿尔贝·施韦泽，德国哲学家、神学家、医生、社会活动家、音乐家。著有《康德的宗教哲学》《文明的衰败与复兴》《文明与伦理》等著作。1952年获诺贝尔和平奖。

受其影响，梦想着成为一名医生，去帮助非洲的民众脱离苦难。受梦想的指引，他曾前往尼日利亚，作为一名医疗工作者从事救治工作，后来，他成为举世闻名的流行病学专家，在根治天花方面为全人类做出了卓越的贡献。福奇博士给比尔·盖茨讲起他走遍世界各地的冒险经历，那些经历就像小说一样富有传奇色彩。

福奇博士问比尔·盖茨："你怎样理解'邻居'这个词的含义？"

比尔·盖茨说："我们就是邻居呀。"

福奇博士说："比尔·盖茨，从某一个层面上来说，所有人都可以是我们的邻居。"

比尔·盖茨不解。

福奇博士说："我所说的'我们的邻居'还包括那些出生于200年之后的人。我有这种想法一点儿也不奇怪，因为当我们交谈时，我感觉我似乎也一直在和200年前的人保持着密切的交流。我几乎觉得他们就在现场。"

比尔·盖茨听得有些入神，福奇博士接着说："比尔·盖茨，你告诉我，爱德华·琴纳是谁？"

比尔·盖茨顿时精神了起来，这才是他的强项。英雄终于有了用武之地，他在学校已经被压抑太久了。他感觉福奇博士才是配和他聊天的对象。

比尔·盖茨回答说："17世纪后期英国科学家爱德华·琴纳博士，是种痘法的首创者。他曾从挤奶女工的脓包中提取淋巴液，作为天花疫苗接种在一名患有牛痘的男孩身上。”

福奇博士说：“路易斯·巴斯德呢？”

比尔·盖茨答道：“路易斯·巴斯德博士是法国微生物学家、化学家，近代微生物学的奠基人，也是一位科学巨人。像牛顿发现力学一样，巴斯德博士开辟了微生物学领域。正是他发展了对人进行预防接种的技术，使得全世界都接受了琴纳博士抵御天花疫苗的免疫接种方法。”

福奇博士说：“他们都是‘我们的邻居’。我们的邻居有一个共同的特点，就是谦逊。苏格拉底才华横溢、学识渊博，每当人们赞叹他的智慧超群的时候，他总是谦逊地说：‘我唯一知道的，就是我一无所知。’”

比尔·盖茨认真地听着。

福奇博士说：“我们的邻居，力学之父牛顿是一名全方位的科学家，他总是谦虚地说：‘如果说我看到的比笛卡尔更远一点，那是因为站在巨人肩上的缘故。’比尔·盖茨，你知道牛顿还有一句最为人所知的话吗？”

比尔·盖茨的脑子，就像一个百科全书的存库，他知道福奇博士要问的是哪一句，“我像一个在海滨玩耍的孩子，有时很高兴地拾到一颗光滑美丽的石子，却还是没有发现真理的大海”。

福奇博士说：“比尔·盖茨，一个人最大的美德就是谦虚。每个人都有超越他人的优点，仅仅看到自己的优点，看不到别人的优点，就是半个盲人。当你能看见别人优点的时候，你才能真正看清这个世界。”

比尔·盖茨这才意识到，父亲带他来福奇博士家的目的就是让他意识到自己的骄傲有多么可笑。福奇博士是全美最杰出的领袖人物，但他从没有居功自傲。相反，和他面对面交流，感受到的就是他的谦卑。

比尔·盖茨不由地问：“在您生命中，什么是最重要的呢？”

福奇博士说：“比尔·盖茨，使命蕴涵于生命中，生命因使命而闪光。如果你认为生命中存在着某项特定的使命等待你去完成，那么你就应该勇敢而执着地去追求它。当生命变成一种使命，所有的挫折都不再是不幸。你可能不会因为使命的完成而变得富裕，但你能保持灵魂的高尚和自由，甚至可能改变世界。”

比尔·福奇博士用最朴素的言语让比尔·盖茨明白了一个道理——要做一个真正纯洁、善良、谦逊的人。

后来，比尔·盖茨谈起微软公司时，谦虚地说：“应当指出的很重要的一点是，微软的发展和成功来源于28000人的共同努力。我们很幸运，雇用了一些值得信任的员工。当人们把公司和我联系起来的时候，他们犯了一个错误，就是没有看到更大的一个方面。”比尔·盖茨所说的更大的一个方面，指的就是公司里面优秀的员工以及彼此之间的齐心协作。他没有骄傲地把公司的成绩都归结于自己身上，看到了他人付出的努力和汗水。

让比尔·盖茨后来变得谦逊的另一个重要原因是，他的一生像父亲和比尔·福奇博士一样，充满了造福人类的使命感，他告诉自己的孩子们：自尊心是重要的，但切忌对他人进行带有个人观点的评判。同时，即便自己有所成就，也不能狂妄自大。只有学会了用宽容的心态去包容他人的过失时，才有包容万物的器量。

在谈起自己对人生的感悟时，比尔·盖茨说："人的一生很短暂，如同暗夜里的飞蛾偶然经过一间光亮的屋子。常常会有这样的时刻，你会感觉自己在宇宙中十分渺小、毫无意义，而只有当自己拥有了有益于人类的使命时，才会感到有所依靠。"

童子军

对于小学生来说，放暑假实在是一件振奋人心的事情。

在这段日子里，早上可以睡到很晚，不必每天清晨掐着时间急急忙忙地赶往学校，不必完成令人头痛的家庭作业，可以和家人一起去旅游，也可以约上几个要好的朋友到郊外爬山、去水池游泳……

1970年暑假，15岁的比尔·盖茨不能出去玩，因为他所在的学校决定在假期举行为期一周的50英里徒步行军。许多父母担心孩子会被累坏，不愿意让自己的孩子参加这次活动，但比尔·盖茨的父母亲却鼓励他参加。母亲对他说："你只有多参加集体活动，才能有更多的机会和其他同学接触，学到与人相处的经验，在生活中得到各种锻炼。"

平时，比尔·盖茨总是闭门不出待在家里看书，父母亲有些担心，怕他会变得自闭。于是，便愿意鼓励他去参加集体活动，让他能够有更多的机会同其他的孩子接触，学习如何与别人打交道。

每次父母亲把比尔·盖茨从书堆中拉出来，他都很不情愿。这回父母亲提议让他去参加童子军的野营活动，他竟欣然答应了。这是因为比尔·盖茨对童子军神往已久。

童子军，起源于19世纪的英国。当时英国的各种产业面临着种种危机，年轻人的体质日趋弱化。为了挽回产业危机，提高年轻人的身体素质，便诞生了“童子军”运动。

慢慢的，这种“童子军”运动扩大到全英国以及其他国家，包括美国。

比尔·盖茨听到一周徒步行军的消息后，非常开心。想到即将要开始一次新奇而有趣的行军活动，一定有不少富有挑战性的事情在等待着自己，这岂能错过。

活动开始的那个早晨，同学们早早地来到学校的操场上集中，背着行囊，排好整齐的队伍，等待出发。比尔·盖茨和爱德蒙站在队伍的最前面。比尔·盖茨穿着新买的筒靴，昂着头，挺着胸，像个即将奔赴战场的小战士，浑身上下都充满了力量。老师高喊一声“出发”，同学们便列队前行，踏上了徒步行军的路程。

学校为了考验学生，让他们多吃点“苦头”，得到真正的锻炼，便制订了一条较难走的路线。队伍从城里出发，走在笔直宽阔的公路上，同学们感到很轻松，一边走，一边嘻嘻哈哈地说笑着。出城没多远，就拐上了一条山路。虽然路面崎岖不平，可由于刚刚踏上山路，一直生活在城里的孩子们被路旁美丽的乡村景色所吸引，也不觉得累。太阳越升越高，天也越来越热。大家开始出汗了，行进速度也开始慢了下来。老师大声给同学们鼓劲："同学们，真正的挑战，还在后面呢!"

长途跋涉中，比尔·盖茨一直蹦蹦跳跳地走在队列的最前面，好强的比尔·盖茨在心里暗暗憋足了一股劲儿：从开始到结束，自己都要走在最前面，绝对不能落后。爱德蒙深知比尔·盖茨从不甘落人后的性格，此刻，他也要陪着好友一同成为胜利者。

比尔·盖茨想，不管做什么事情，都不轻易放弃，要尽自己最大的努力去完成，这次童子军行军也不例外。在长途跋涉中，比尔·盖茨把一条巨龙一样的队伍甩在后面，仿佛他就是这个庞大队伍的带领者一样。这让他有一种满足感，他喜欢这种率领千军万马的感觉。

但没走多久，比尔·盖茨就感觉到自己的双脚越来越不舒服。望着童子军的队伍还有很长一段距离才能追上他，他脱下高筒靴，不由得一惊，这才发现自己的脚后跟磨破了皮，脚趾上起了很多水泡。原来，为了统一服装，学校给每人发了一双崭新的高筒靴，而比尔·盖茨的这双新鞋要比脚稍大一些。

比尔·盖茨想，鞋子不合脚，漫长的徒步行军，既要爬过蜿蜒的山坡，又要穿越树木丛生的森林，穿着这双鞋，恐怕要吃尽苦头，可如果把这件事告诉领队，领队很可能会让自己中止这次行军活动，他不想放弃，他要坚持到最后一刻。眼看队伍就要追上自己，比尔·盖茨迅速穿好靴子，率大军继续前进。爱德蒙看见比尔·盖茨一路上老是皱着眉头，而且他脸上还露出痛苦的表情，于是关切地问比尔·盖茨："比尔·盖茨，你怎么了？"比尔·盖茨看了看周围，生怕别人听到，低声对爱德蒙说："没什么，就是靴子有点大，磨得我脚有点疼。"比尔·盖茨走路的时候，脚被磨得越来越疼。靴子就像长了牙齿一样，每走一步，就毫不留情地咬他一口。

疼痛难耐的他不得不放慢速度，一瘸一拐地走着。

"赶紧去找随队医生！"爱德蒙紧张地说。

"嘘——"比尔·盖茨拉住了爱德蒙，示意他小声些。

"我再坚持一下，习惯了就好了。"

可前面的道路越来越难走，已经完全由公路转到了山路，路面坑坑洼洼，布满了大小不一的石块、石子，脚踩上去很不舒服，但比尔·盖茨一声不响地咬牙坚持着。终于到了午休的时候，同学们有的累得躺在地上直喘粗气，有的在一边捶自己的腿，一边捶还一边嘟嘟囔囔地抱怨着。比尔·盖茨趁人不注意溜到了一个僻静的地方，坐在一块石头上，慢慢脱下靴子，只见两只脚后跟都磨出了一个拇指大小的水泡。他迅速地把一块手帕撕成两半，缠好两只脚，然后又慢慢地穿上靴子，不声不响地回到了队伍当中。

下午的路似乎更加漫长。山路越来越艰险，肩上的背包也显得格外沉重。比尔·盖茨感到靴子里面湿漉漉的，脚上的疼痛虽然稍稍减轻了些，但还是一阵一阵地疼。

就这样，第一天终于按计划走完了8英里。大家都像散了架一样，再也没有力气像出发前那样叽叽喳喳说个不停了，一个个都东倒西歪地躺着。

老师和随队的医生给每位同学做了身体检查："比尔·盖茨，你的脚怎么了，为什么要用手帕缠着？"

"没什么，老师。只是起了两个水泡。"比尔·盖茨故作轻松地回答。

在老师的要求下，比尔·盖茨不得不解开脚上的手帕，只见原本鼓鼓囊囊的两个水泡已经被磨破了，手帕上浸透了斑斑的血迹。更糟糕的是，脚趾上又磨出了不少水泡。医生为比尔·盖茨的伤口做了处理，用纱布缠好，并给了他两片止痛药。

"小家伙，能坚持住吗？"

比尔·盖茨坚定地回答："能！"

"好样的！"医生笑笑。

第二天，有几位同学掉队了。爱德蒙也不想再继续走下去了，坚强的比尔·盖茨不停地鼓励他，劝他继续走下去。比尔·盖茨的脚又红又肿，皮肤开裂，而且还流了血。大家都劝他不要再前行了，有的同伴甚至还羡慕他可以找到一个回家的好借口。但是比尔·盖茨向随队医生要了一点药棉和纱布粗略地包扎了一下，又要了止痛片，服用之后，便跟着队伍继续上路了，虽然走得比之前慢了很多，有时候脚趾疼痛得令他难以忍受，但他却一直在坚持。

第三天，天空下起了细雨。同学们有的穿上雨衣，有的撑起雨伞，在泥泞的路面上一步一滑继续艰难地行走。比尔·盖茨的靴子里灌进了雨水，走起路来哗哗直响，两只脚在鞋里不停地打滑。雨水和汗水顺着脸颊流了下来，流到眼睛里，又流到了嘴里。比尔·盖茨一直坚持随大家跋山涉水，但他实在难以忍受双脚带来的剧烈疼痛，泪水在他的眼眶里不停地打转，他努力睁大眼睛，试图不让别人看到。一直到下午四点到达中途的检查站时，医生发现他的脚已经严重发炎，强行下令医治。虽然比尔·盖茨还要继续前进，但实际上已经无法再往前走了。伤口流出的血已经染红了袜子。

经过详细的检查，医生确定比尔·盖茨脚上的伤口已经发炎了。

医生板起脸，说："不能让你再走下去了。"

比尔·盖茨说："我可以。"

他吓唬比尔·盖茨："小家伙，别逞能了。你的脚伤发炎了，不赶快治疗弄不好会截肢的。"

比尔·盖茨固执地说："我不相信。"

老师说："这样吧，我给你母亲打电话，让她来告诉你，你的脚伤有多么严重。"

比尔·盖茨的母亲听说了这件事，立即开车从西雅图赶了过来。母亲看着他肿胀溃烂的双脚心疼地说："很疼吧？为什么你不早点儿停止行军呢？"

"妈妈，您不用担心我，我一点儿也不疼。等我的脚好些了，我还要继续行军呢，那是我的目标。如果达不到目标的话，我会很遗憾的。”

看着泪水在母亲眼里打转，比尔·盖茨又用轻松的话安慰母亲。

在母亲耐心的劝说下，比尔·盖茨终于同意和母亲一起回家。

比尔·盖茨把自己的靴子扔进垃圾桶，委屈地抱怨道：“都是这双破靴子，让我没有到达目的地。”

回家的途中，母亲安慰儿子说：“比尔·盖茨，别这样说。你没有失败，你克服困难的精神和勇气连医生和老师都十分敬佩。你有这种精神，谁都会相信你能走完全程，并一直走在最前面。”

这件事是比尔·盖茨成长过程中印象非常深刻的一件事。

他至今仍然记得母亲在回家路上对他说过的话：“比尔，你没有失败。在满脚水泡的情况下继续坚持，已经是成功了。这件事让母亲看到你与常人不同的性格。不仅看见了你的坚毅和不屈的意志，也看到了你的自信。我相信无论你做什么事情，都会尽力让自己做到最好。”

篝火聚会

在比尔·盖茨三岁的时候，父母萌生了一个想法，这个想法后来成了他们的家庭传统。孩子们也表示，这项传统对他们的人生观产生了很大的影响。

1957年夏天，父亲律师事务所的一位合伙人邀请比尔·盖茨一家去他家做客。他家位于华盛顿奥林匹克半岛的胡德运河旁。在那里，他们将举办一次篝火晚餐，共进晚餐的还有六个家庭。这六个家庭的孩子每年夏天都在西雅图郊区的一个被称为“齐尔诺”的小度假村举行篝火晚餐，他们分享了自己的篝火晚餐经历，比尔·盖茨母亲因此提议：我们应该学习他们的传统，开始自己的暑期田园生活。

之后的夏天，他们就开始了篝火晚餐，并邀请了其他六个家庭。每个人都玩得很开心，因此他们决定下一个夏天继续举办篝火晚会。年复一年，他们就这样一起欢度了14个夏天，其间他们还邀请了更多的家庭加入，最多时竟能看到11个大家庭的身影。齐尔诺坐落于一片面积很大的林区，曲折的大道一直延伸至运河的海滨地区。那里的庭院和村舍天然、原始而质朴。一开始有八间木质的小屋，后来增至十间，除此之外，还有一间传统的木屋，里面有一个大壁炉，是大家最爱聚集的地方，这里还有一个破旧的网球场，茂盛的野草从水泥裂缝间生长出来。开阔的户外空间和清新的原野空气，为他们提供了聚会活动所需要的环境和氛围。

每个家庭都有自己的特长，他们在齐尔诺举行的晚会，给了每一个家庭展示才华的机会，同时也给了大家发现和欣赏他人才能的机会。这些家庭中，有一位父亲是很棒的网球运动员。因此，每年夏天他都会筹备一场网球邀请赛，这给孩子和家长们提供了练习网球、提高技能的机会。家长们一起开创了齐尔诺的“奥林匹克”运动会，活动内容趣味横生，他们进行两人三足、用勺子掂鸡蛋等游戏，培养孩子的协作能力和竞争力。运动会的高潮阶段，是奥林匹克风格的颁奖仪式。他们用丝带搭建了一个舞台，按照真正的奥林匹克颁奖台进行布置。当胜利者登上领奖台时，台下的人群总会爆发出欢呼呐喊声。

一些孩子选择的体育项目如乒乓球、游泳、滑水等，对身体的协调性要求很高，其他形式的项目则只需要坚强的意志就能取胜。父亲让比尔·盖茨参加每一项比赛。“不要小看各种运动和游戏。它可以培养孩子的进取精神，让他学习如何追求成功以及面对失败。”对于一些比赛，比尔·盖茨抱怨道：“他们总让我做那些看来毫无意义的事。”多少年后，他感觉“那些活动给了我培养领导能力的机会”，因为孩子们都推举他为领导。孩子们的“奥林匹克”让他们懂得，即使今天参加比赛没有得到奖项，也不要放弃，明天还有希望。

在这里，活动的形式多种多样，有时大家举着有“齐尔诺”字样的金黄色条幅庆祝游行，有时大家参加“夺旗拼抢”，或是被母亲们称为“圆石快跑”的游戏。孩子们可能从来没有意识到，“圆石快跑”游戏的背后其实是母亲们渴望在海滩上一起放松放松，而让孩子们撒腿围着高低不平的岩石四处奔跑，寻找周边最圆的岩石。小孩子每找到一块岩石，就会跑到自己的母亲身边，递过岩石问她：“你认为这块好不好？”聪明的母亲就会仔细地检查孩子的石块，在给予孩子温暖的鼓励和赞美后，说：“也许你还能找到一块更圆的，再去试试？”接下来，孩子就会去寻找另一块更圆的岩石。

父母聚在一起讨论的话题包罗万象，比如讨论育儿经验，对孩子们未来的期待，校队什么时候才能获得“玫瑰碗”（美国大学年度美式足球比赛冠军），世界的发展方向，非洲难民问题……时间就这样在不知不觉中过去了，孩子们沉浸于寻找、发现和获得肯定的乐趣中。在齐尔诺，母亲们不仅共同照看孩子，也共同教育孩子。如果有任何一个孩子在任何一位母亲面前行为不当或出言不逊，都会很快得到纠正和教育。

晚间的齐尔诺聚会与白天的娱乐活动同样有趣。有一对夫妇的音乐天赋非常出众，他们带来了单簧管、小号等乐器，围坐在篝火旁演奏，比尔·盖茨的父母亲则配合着时而表演短剧，时而放声高歌，大家一起围着篝火尽情地享受欢乐。比尔·盖茨和姐姐写了一首歌词，他们套用奥斯卡著名影片《桂河大桥》（The Bridge on the River Kwai）中的曲调一同在台上演唱，此后，这首由他们填词的歌就成了“大家庭的歌”。在这里，每个孩子都会表演节目，有的孩子展示出了惊人的表演才能。孩子们在一起，超越嫉妒，慷慨待人。他们真心地欣赏对方，不嫉妒、不自夸、不张狂。他们了解到，每个人都有自己擅长的方面。因此，应该积极取人之长，补己之短，即使遇到自己不那么在行的事，也应该尽力去试一试。

到了晚上就寝时间，大家会举行一个仪式，在篝火旁同声齐唱，用歌声来欢送每个家庭，然后大家回到各自的木屋，在木屋旁挥手道别，互道晚安。

比尔·盖茨父亲作为齐尔诺的“市长”，引领游行是他的工作。这也是他们在齐尔诺众多活动中的一项。另一个孩子钟爱的仪式是“交换晚餐”，这是为了使孩子们有机会品尝到其他孩子父母的厨艺。分配由抽签决定，每个孩子都会抽到接待他晚餐的夫妇的姓名。整个程序安排得井然有序，兄妹们从来不会在同一个餐桌遇见。比尔·盖茨和姐姐认为这是一个学习如何与别的家长进行沟通和交流的不错机会。

比尔·盖茨第一次参加交换晚餐的活动时，抽到了隔壁的布拉曼夫妇。布拉曼的两个孩子都是比尔·盖茨的玩伴。布拉曼自己创立了企业，后来曾担任海军军官、西雅图市市长以及美国运输部副部长。20世纪末，布拉曼一家曾带着比尔·盖茨的父亲进行过足迹遍布美国的公路之旅。在比尔·盖茨父亲成为童子军一员时，布拉曼曾是他们的团长，带领他们攀登奥林匹克山，搭乘破旧的公共汽车游览黄石公园和冰川国家公园。这支童子军团花了两年时间，用自己砍伐的花旗松建造了一间木屋。布拉曼在和比尔·盖茨吃晚餐时，不禁讲起了和他父亲漫游的那一段段像电影一样迷人的故事，比尔·盖茨听得入了迷，这成了他终生难忘的晚餐。

后来，比尔·盖茨和每个家庭都单独吃过晚餐。这使他能够近距离观察别的家庭的生活，了解各个家庭的不同。他感受着每个家庭，了解不同的人生、不同的爱。

每年回到齐尔诺，孩子们的成长都突飞猛进。随着年龄的增长，孩子们之间的友情也日渐笃深。天下没有不散的宴席。孩子们都长大之后，联络大家在夏天同时到齐尔诺度假变得不再可行。

最后一次在齐尔诺篝火聚会时，比尔·盖茨已经17岁了。那年夏天，11个家庭，最后一次一起共度两周的美好时光。

在篝火晚会上，比尔·盖茨建议，把那首“大家庭的歌”改成《爱》。11个家庭是一个大家庭，每个人都是亲人，齐尔诺见证了彼此的爱。

大家围着篝火，一起唱了起来。

“爱是恒久忍耐，又有恩慈；爱是不嫉妒，爱是不自夸，不张狂，不做害羞的事，不求自己的益处，不轻易发怒，不计算人的恶，不喜欢不义，只喜欢真理；凡事包容，凡事相信，凡事盼望，凡事忍耐；爱是永不止息……”

分别的时刻，大家依依不舍，紧紧拥抱。

齐尔诺的聚会使孩子们感受到和睦的力量。彼此和平友爱，亲如一家，享受到人与人之间的平安、和谐。这种充满凝聚力的和谐，给孩子们提供了稳定的感情和美好的记忆。孩子们至今仍对簇拥在齐尔诺木屋的电视机前，目睹宇航员尼尔·阿姆斯特朗踏上月球第一步的情景记忆犹新。

齐尔诺的夏天，让孩子们还学到了许多生活经验。篝火聚会已经过去了十几年，孩子们也都慢慢长大，组建了自己的家庭，他们又沿袭了夏日篝火的传统，携带自己的家人从四面八方飞到一起团聚。很显然，他们孩提时代所建立起的亲密关系经受住了时间的考验。比尔·盖茨回忆说，每年夏天和其他家庭在一起生活的两周时间是他童年时期最有意义的事情。

后来，比尔·盖茨也有了自己的孩子，他也采取了与朋友们集体生活的方式，连同其他家庭聚齐在胡德运河度假，为自己的孩子们重建当年齐尔诺篝火晚会的美好时刻。

时至今日，比尔·盖茨还对齐尔诺篝火晚会念念不忘，时常跟父亲提起，他仍然能够感受到那些夏日所结下的友情的温暖，怀念在齐尔诺篝火旁度过的那些美好难忘的夜晚。

圆桌会议

1969年，比尔·盖茨转到了私立湖滨中学。当时，美国正致力于将卫星送上月球，计算机的飞速发展也使得一种崭新的科技狂潮成为可能。湖滨中学毅然作出决定，让学生涉足令人兴奋的计算机世界。

那年秋天，比尔·盖茨和他的伙伴们刚回到学校，就在麦克阿利斯特厅前门附近的一个小办公室里发现了一台机器，连带一个键盘和一大卷黄色纸。这个机器是ASR-33电传打字机，全世界的新闻编辑室都曾一度响过它那特有的嗒嗒声。电传打字机是衰落中的机器时代和迅速兴起的信息时代的结合物。这个有噪音的笨重电子机械新发明是个组合体，包括键盘、打印机、纸带穿孔器和阅读器，还有一个调制解调器，它可以通过电话与外界取得联系。假如你按动键盘，电传打字机就会将特大号字母打在一大卷宽约8.5英寸的纸带上。可以用穿孔器把所打的内容记录在一个薄卷纸带上，然后将它的内容变成声音，自动放送出来。

比尔·盖茨和伊文斯是学校里最先爱上计算机的学生。

计算机严密的逻辑和神奇的计算能力，让这两个孩子着了魔。没有多久，这台机器就成了比尔·盖茨联结新世界的一根纽带。比尔·盖茨的一生，以这台机器为分界，前后迥然不同。

比尔·盖茨像发现了新大陆一样，只要一有时间便钻进计算机房，去操作那台终端机，痴迷到了废寝忘食的地步。13岁时，他便独立编写了一个电脑程序，可以在电脑屏幕上玩登陆月球的游戏。这一年的7月20日，恰好是美国宇航员阿姆斯特朗和奥尔德林代表人类第一次踏上月球的日子。比尔·盖茨想，既然我不能乘宇宙飞船去月球，那么就让电脑来实现我的登月梦吧！

在湖滨中学，比尔·盖茨总是给人一种鹤立鸡群之感。他被排斥在普通学生的交友圈外，并经常被人戏谑。尽管如此，当时同学们都认为，比尔·盖茨的天才会使他成为诺贝尔奖获得者。

一位同学这样评价他："谁都知道比尔·盖茨，湖滨中学里没有人不认识他。他看上去像个小孩子，但他是湖滨中学最聪明的小子。如果你问任何一个'湖滨人'，谁是天才中的天才？回答一定是比尔·盖茨。"

有的同学说："一想到比尔·盖茨，人们就觉得他有可能获诺贝尔奖，但他一点也不懂礼貌。他不受欢迎，因为他太自负了，他的聪明具有攻击性且缺乏友善。"

还有同学说："当人们想到他时，会说这个家伙要得诺贝尔奖。但是他不擅社交，必须想办法让比尔·盖茨融入人群中，因为他不具备这种社交能力。他是那种恃才傲物、唯我独尊的人……”

比尔·盖茨很固执，喜欢与人作对，对老师也不例外。十年级时，物理老师加里·梅斯特里蒂在课堂上讲了某个观点，比尔·盖茨认为这个观点是错误的，立即站起来予以指正，两人因此展开了争辩。比尔·盖茨晃着手臂，用最大的嗓音对老师叫道：“你错了，彻底错了！”他们面对面地站在教室前面的讲台上，争得不可开交。比尔·盖茨扯开嗓门，比画着手指，坚持自己的观点才是正确的……最后，比尔·盖茨赢了这场争论。

比尔·盖茨把课堂当成了竞技场，他总是力争成为第一名，或抢先在别人之前答出数学难题。争强好胜是比尔·盖茨的一大特色，他不能容忍别人的迟缓，即使对老师也不例外，因为他的脑子反应太快了。如果老师慢了点，他就会抱怨说：“这不是明摆着的吗？”对同学的迟钝，他更缺乏应有的宽容，这使他的同学们对他怨声载道。

有一次，一个同学因为没能马上答出老师的提问，比尔·盖茨便嘲笑他。没想到，却给自己惹来了麻烦。一个坐在比尔·盖茨前面，年龄稍大的同学忍无可忍。转过身一把揪住比尔·盖茨的衣领，说：“滚出去！”幸亏老师及时制止了他们，事情才没闹大。但是下课后，这些同学堵在门口，说要让比尔·盖茨吃点苦头。他们轮番用身体撞他，故意让他难堪。

周末回到家，比尔·盖茨耷拉着脸。大家知道比尔·盖茨一定遇上什么事。比尔·盖茨吃不下饭，他对父亲说："他们欺负我。我实在忍受不了他们。"父亲了解了事情的来龙去脉，知道又是骄傲惹的祸。比尔·盖茨不能宽容同学的迟缓，同学不能宽容他的傲慢。问题的关键就在于能不能以宽容的态度对待别人。

父亲边吃饭边给比尔·盖茨讲起自己之前经手的一件案件：一家小银行，欠了大银行几千万美元。到了还债的日子，小银行遇上了麻烦，还不上账，就来求大银行："再给我们延长些时日吧，我们欠的钱一定还清。"大银行看到小银行苦苦哀求，就动了恻隐之心，用国家的小银行保护法，赦免了小银行的债务。但是，小银行转过身，对他下面欠债的债主毫不留情，把那些还不上钱的债主的房子统统给封了。有一个老人跪在他面前，哀求说："我都一把年纪了，千万别封我的房子，别让我流落街头。请宽限我一点时日吧，我一定会还清的。"但小银行还是没收了这位老人的房子，让老人流落在街头，最终老人死在了街上。小银行的所作所为激怒了媒体，他们实在看不下去了，就把小银行逼死老人的事登在了媒体上。大银行看到这个报道后，勃然大怒，找到了小银行："你当时哀求我，我免除了你的一切债务。难道你就不能像我宽容你那样，去宽容弱者吗？"

父亲讲完案子，问比尔·盖茨："你能以宽容的态度对待弱者吗？”

此刻，比尔·盖茨也意识到了，自己没有宽容对待他人。

父亲接着说：“你不宽容他们，他们也不宽容你。你伤害了他们，他们也伤害了你。你需要的是学会宽容。宽容就是，己所不欲，勿施于人。你不要因为自己有优势，就爱批评他人。让宽容成为一种习惯，就要从宽容彼此的过失做起。宽容他们，也就是宽容自己。”

比尔·盖茨委屈地说：“可他们当众羞辱我。”

在一旁听了很久的母亲又给比尔·盖茨讲了一个《圣经》里的故事：一群人把一个犯错的女子拉到耶稣面前，问是否可以用乱石砸她？耶稣说，你们当中，若有谁没有过失，可以用石头砸她。结果所有的人，都悄悄地走出去了。母亲说：“我们总认为自己是圣人，一点也不肯原谅别人。但其实我们自己也只是血肉之躯，也不是没有过失的。”

比尔·盖茨说：“可我应该宽容他们到什么地步呢？如果他们总是欺负我呢？”

坐在餐桌边的外婆插话了。外婆也讲起耶稣的一段话。彼得问耶稣：“如果我的兄弟得罪了我，我应该宽容他多少次呢？宽容他七次总可以了吧。”耶稣回答彼得说：“我对你说过，宽容不是七次，而是七十七次。”

比尔·盖茨也是熟读《圣经》的孩子，但在那次圆桌会议上，听母亲和外婆讲《圣经》里的故事，他似乎更加理解了宽容这个词，让宽容成为习惯，不是一时宽容，而是发自内心的宽容。

比尔·盖茨从父母亲和外婆的身上明白了一个道理，豁达不单单是一种对他人、对自己的宽容，它更应该是一种把成功和失败都看平淡的人生境界。完全放下过去的荣辱是非，才能为自己树立起一个新的起点。

多少年后，记者采访比尔·盖茨，请他讲讲微软成功的关键。比尔·盖茨深有感悟地说："以宽容的态度对待失败，正是硅谷成功的关键。"

记者问："您怎样理解宽容这个词?"

比尔·盖茨说："在与他人相处时，应该学会尊重别人，尽量减少对他人的伤害。和谐的人际关系是以彼此之间互不伤害为基础的。"

记者问："您是一个宽容的人吗?"

比尔·盖茨笑笑说："讲句实话，小时候的我并不是一个宽容的人。我一直在改善中。一个不懂得宽容的人，不仅没有朋友，同时会失去许多发展的机会。宽容是一种美德，它能让一些冲突由大化小，由小化无。"

记者问："您是怎样成为一个宽容的人的?"

比尔·盖茨说："一个能够开创一番事业的人，一定是一个心胸开阔的人。人要成大事，就一定要有开阔的胸怀，只有养成坦然面对、包容一些人和事的习惯，才能在将来取得成功。我对有容乃大境界的理解是，一个心胸宽阔的人更能展示自己的人格力量。"

记者问:“您觉得怎样才能做一个宽容的人?”

比尔·盖茨说:“一个伟大的人,有两颗心:一颗心流血,一颗心宽容。没有豁达就没有宽容。无论你取得多大的成就,无论你爬过多高的山,无论你有多少闲暇,无论你有多么美好的目标,没有宽容心,你仍然会遭受内心的痛苦。世界上最大的是海洋,比海洋更大的是天空,比天空更大的是人的胸怀。”

感恩节

在湖滨中学，比尔·盖茨并不是唯一一个对计算机着迷的男孩子，他很快发现，还有其他人对计算机非常着迷，天天往机房里跑，他不得不和这些人共用计算机。在这些人当中，有一个高年级的学生叫保罗·艾伦。他比比尔·盖茨大两岁，话音轻柔，后来也成了美国计算机领域的一位大人物。七年后，比尔·盖茨和保罗·艾伦一起创办了微软公司。

比尔·盖茨与保罗第一次接触是在一个秋天。保罗眼里的比尔·盖茨"穿着套头衫、褐色休闲裤、大号的鞋子，头发乱蓬蓬的。"保罗第一眼见到比尔·盖茨，就发现比尔·盖茨身上有三个特点："他真的很聪明；他真的很好胜，想让你知道他有多聪明；他真的有恒心。"他们是在计算机机房里待到最晚的人，并慢慢地成了朋友。

在谈到两人的友谊时，比尔·盖茨回忆说："他读过的科幻小说是我的四倍，另外，他还有许多解释自然奥秘的书，所以，我就问他有关'枪炮原理'和'原子反应堆'之类的问题，保罗把这些都讲解得头头是道。后来，我们经常在一起做数学和物理作业，这就是我们会成朋友的原因。”

保罗和比尔·盖茨分属两个社会阶层，保罗的父亲是华盛顿州立大学图书馆的工作人员，比尔·盖茨的父亲则是华盛顿州律师协会主席，以致于保罗第一次到比尔·盖茨家时“有点震撼”。比尔·盖茨从小最喜欢阅读的是父母给他订阅的《财富周刊》。比尔·盖茨拿着这份杂志，问保罗：“你知道管理一家世界五百强企业会是什么样的感觉吗？”

保罗说：“不知道”。

年仅13岁的比尔·盖茨满怀期待地说：“也许有一天，我们会有自己的公司。”

比尔·盖茨和保罗都被计算机近乎无限的可能性给迷住了。他们怀有一个伟大的梦想，也许真的能用计算机干出点什么。

保罗说：“我喜欢塞缪尔·约翰逊的一句话：‘自信，是一切伟大事业的创业者必须具备的首要品质。’”

比尔·盖茨说：“我喜欢洛克菲勒的一段话：‘即使你们把我身上的衣服剥得精光，一个子儿也不剩，然后把我扔在撒哈拉沙漠的中心地带，但只要两个条件——给我一点时间，并且让一支商队从我身边路过，那么要不了多久，我就会成为一个新的亿万富翁……’”

共同的志向和爱好，使他们两人成了好朋友。

20世纪70年代初的计算机都是大型机，它不仅体积庞大，而且价格昂贵，只有极少数的政府单位、科研机构或者大型企业才负担得起。由于运转程序需要耗费许多纸张，也由于设备的稀少和昂贵，当时人们使用大型机需要按时付费。比尔·盖茨和保罗从手册中学会了BASIC语言。几周后，他们便将学校用于支付PDP-10电脑使用时间的3000美元预算花得一干二净。湖滨中学就再也没有钱支付昂贵的PDP-10小型计算机的使用租金了。这件事使比尔·盖茨和保罗像失去了上学机会那么痛苦，因为这时候他们对电脑已经神魂颠倒了。两人四处奔走，终于找到一个机会——帮助一家名为CCC的电脑公司“抓臭虫”，用找漏洞的报酬来支付他们操作电脑的费用。

“臭虫”，是电脑行业里人们称呼软件错误的代名词。“臭虫”会使电脑导出错误结果或死机。美国发往金星的“水手”号火箭和法国的“利亚娜”火箭，就曾因为电脑软件的故障致使发射失败，损失了几亿美元。每天晚上六点左右，CCC公司员工下班之后，比尔·盖茨和保罗便骑自行车到那里上班了。那里有许多台电传打字终端机可用，有各种电脑软件可供研究，两个人可以说是如鱼得水，他们对电脑软件太着迷了，几乎整晚都待在那里。每个晚上，都要在CCC公司的记录本上写满发现的软件漏洞。通过这一段时间的“抓臭虫”，他们在电脑硬件和软件方面学到了许多书本上和学校里学不到的知识和技能。

1970年，比尔·盖茨15岁，正在上九年级，但他的电脑才能已经远近闻名了。一家名叫信息科学的公司找到比尔·

盖茨，希望通过提供PDP-10的电脑使用时间来交换比尔·盖茨和保罗的软件技术。

因为按美国法律规定，不能给未成年人支付工资，所以该公司决定将价值一万美元的电脑操作时间作为酬劳，要求他们为公司设计工资管理软件。

他们与信息科学公司签了一份合约，按照合约规定，他们向其报告PDP-10电脑中存在的软件缺陷，获得的报酬是免费使用一年电脑。

同年，美国国防项目承包商TRW公司要开发一套用于管理水库的电脑监督控制系统，可是消灭不了各种系统漏洞，项目进展缓慢，眼看就要遭到违约处罚了。在这紧急关头，TRW公司发现了湖滨中学计算中心的一份《问题报告书》，得知比尔·盖茨和保罗这两个电脑天才的消息后，当场打电话给制作报告的两位“侦测错误大师”，希望他们两人能来帮助自己排除问题。但他们压根没有想到，这两位大师居然只是九年级和十年级的学生！

这是一项很专业化又很艰难的工作，按照规定，中学生只能拿工读生的低工资。但是比尔·盖茨和保罗并不计较，他们主要的目的是通过这种工作来提高自己的软件设计能力。湖滨中学也很开明，允许高年级学生在完成规定课程后去企业实习和工作。比尔·盖茨和保罗的加入终于使TRW公司按时完成了项目，使公司免受巨额罚款。

那年感恩节，保罗和比尔·盖茨的家人一起度过。大家一起吃着火鸡，比尔·盖茨告诉父亲，有一天，他会和保罗开一家计算机公司。比尔·盖茨的父亲知道，保罗和比尔·盖茨都是“个性”很强的人。两个“自我意识太强”的人如果都以自我为中心，早晚会散伙。唯一能使两个强者维系在一起的，是感恩、分享和宽容。

比尔·盖茨的父亲不提他们未来的公司，而是问比尔·盖茨：“还记得小时候给你讲的感恩节的来历吗？”

比尔·盖茨说：“幼儿园的孩子都知道。”

父亲说：“那好，你讲一半，保罗讲一半。”

比尔·盖茨说：“1620年9月，一艘名叫‘五月花’的轮船，载着100名清教徒和他们的家人，在大海中漂泊了65天后，在马萨诸塞州的普利茅斯登陆。当时，那里还是一片荒凉未开垦的处女地，火鸡和其他野生动物随处可见。时值寒冬，来到这个陌生的地方缺衣少食，恶劣的环境正在威胁着他们的生命。

1620年的冬季，天气格外寒冷，移民的食物储备奇缺，加上不适应当地的环境，许多人感染了疫病，这一场灾难夺去了一半人的生命。突然的变故令大家不知所措，他们都以为自己将要毫无意义地死在异国他乡。然而，上帝并没有遗忘这些不幸的子民。1621年春天，普利茅斯当地的印第安部落酋长马萨索德带着上帝的爱心来了。这些心地善良的印第安人，为他们送去了食物、生活用品和生产工具，帮助他们建立了新的家园。为了感谢在危难之时帮助、支援他们的印第安人，同时也感谢上帝的‘恩赐’，他们将猎获的火鸡制成美味佳肴，盛情款待印第安人。后来，感恩节吃火鸡的习俗便流传下来了。”

比尔·盖茨看着保罗，说：“该你了。”

保罗说：“于是，英国在北美的第一任总督威廉·布莱德福为了表达对印第安人的感激之情，建议设立一个专门的节日。1621年11月下旬的星期四，这些清教徒和马萨索德率领的近百名印第安朋友聚集在一起，共同庆祝这个独特的节日。那天，男性清教徒都外出狩猎、捉火鸡；女性清教徒则在家里用玉米、南瓜、红薯、果子等制作美味佳肴。来自两个不同国度、有着不同肤色的人们聚在一起，围着熊熊篝火，边吃火鸡肉、玉米饼，边谈论彼此感兴趣的事情，整个庆祝活动持续了几天。这就是美国历史上的第一个感恩节。”

比尔·盖茨的父亲在两个孩子的盘子里加了些火鸡肉，说：“只有心怀感恩，才会懂得分享。我给你们讲一个故事，许多人围坐在一口大锅前，锅里煮着美味的食物，大家都很饿，但因为他们手里的勺子太长，没法把食物送到自己口中，大家失望地望着彼此。如果他们是懂得分享的人，就可以用勺子把食物送到别人的嘴里。懂得分享，才能真正拥有。懂得分享的人必然是有爱心、善良、宽容的人。”

比尔·盖茨的父亲说：“每年感恩节，人们以各种方式表达自己对国家、社会、家庭、朋友和同事等的感激之情。如果你们每天都怀有感恩之心，就会时刻都很快乐。”

感恩节共进火鸡餐时，比尔·盖茨的母亲和外祖母从来都不在家。她们在慈善机构为穷人、孤儿以及流浪者们提供免费的火鸡宴，让那些不幸的人们也能在这个独特的日子里感受到人间的温暖与情谊。

保罗问比尔·盖茨的父亲："比尔先生，您是不是想把比尔·盖茨培养成一个圣人？"

比尔·盖茨的父亲笑笑："不，我只是想把他培养成一个人，让他具备为人最基本的品格。"

多少年后，比尔·盖茨在一次感恩节慈善会议上说："不知感恩，谈何责任？"

他说："其实，感恩节应该得到普及。它不应该仅仅限于某一天，我们应该把生命中的每一天都当作感恩节。天天都要感恩，向所有人感恩。只有这样，我们的世界才是一个真正适合人类生存的天堂。对于这个世界，我们应该抱着感恩的态度，而不应该过多地苛求。所以，每年的感恩节，对于我来说都是一个非常快乐的日子。因为在这一天，我发现原来这个世界上有这么多善良的人和美好的事物。感恩节是一个培养人们爱心的最佳时刻，在这一天，无数的人奉献着自己的博爱之心，用行动告诉大家：博爱，才是这个世界最需要的，才是最需要培养的优秀素质。"

他还说："每天清晨，当我醒来，我便思索着如何与他人分享我的快乐，这样使我更快乐。"

确实，比尔·盖茨的每一天都在分享。

擦　车

在湖滨中学，比尔·盖茨还有一个朋友，叫埃德马克。有一段时间，他和埃德马克几乎形影不离，他们一起看电影，一起开车兜风，一起去吃汉堡，一起没完没了地打弹子球。在夏日的周末，还一起去胡德运河滑水，他们一起学会了在快艇牵引下玩悬挂滑翔。当然，他们也一起搞恶作剧。

一天，他们开车去山里，埃德马克的野马车浸满了泥渍。埃德马克在送比尔·盖茨回家的路上，顺便到洗车行洗了车。为他们洗车的，恰好是比尔·盖茨的邻居奥多姆。奥多姆70岁了，一身地勤工的打扮。比尔·盖茨的爷爷是从事家具生意的，曾与奥多姆合伙开过家具公司。奥多姆怎么会在街上擦车呢？比尔·盖茨不敢对埃德马克说，这位擦车的，就是爷爷的合伙人。他觉得身为擦车工的奥多姆是不值得一提的小人物。

奥多姆怕伤比尔·盖茨的自尊心，也故意装作不认识比尔·盖茨。擦完车，奥多姆收下钱，把钱放进罐子里。

回到家，在吃饭的时候，比尔·盖茨问父亲，邻居奥多姆为何这么惨，竟然沦落到街头擦车的地步？

父亲说："不要瞧不起任何人。奥多姆把擦车赚来的钱都捐给一家养老院，他从年轻的时候起，就和你爷爷一样热衷于帮助那些需要帮助的人。他把他一辈子挣的钱，都捐了出去。那时，奥多姆和你爷爷奶奶一起为穷人准备晚餐，募集基金。他一生都在为公益默默无闻地奉献。如果你听过奥多姆丰富的人生经历，会觉得那些事足够你干两辈子了。"

比尔·盖茨听了奥多姆无私奉献的事迹，为自己的行为感到后悔。

父亲接着说："奥多姆平时是很节俭的人，一件衬衫他可以穿很多年。他进超市买菜，总是买打折商品。可他用捐出的钱，建了一家养老院。"

比尔·盖茨看到了另一种人生。

父亲说："一个不追求奢侈生活的人，必然是心里有信念的人。一个朴素的人，必然是自信的人。"

很多年后，比尔·盖茨不止一次表明自己从不关心钱的问题，也不在意股票市场的变化。钱既不会使他从工作上分心，也不能改变他的生活。

微软股票上市后，每当看到公司里的人因为股票的起跌而分散注意力，甚至在房间里贴上了标示股票涨跌的图表，比尔·盖茨就会说，这是愚蠢的，公司的股票是高面值的，但高面值也常常是短暂和变化无常的。他的股票因分红派股而越来越多。他经常告诉那些向他求经的朋友："当你有了一亿美元的时候，你就会明白，金钱只不过是一种符号而已。”

梅琳达刚踏入微软就被告知，比尔·盖茨是个非常特别的人。确实，比尔·盖茨是一个与众不同的人，单从他对待金钱的态度就可以看得出来。比尔·盖茨总是告诉梅琳达，自己努力工作并不只是为了金钱。对待这笔巨大的财富，他从没有想过要如何享用它们，相反，在使用这些财富时却很慎重。他不喜欢因金钱改变自己的本色，过着奢侈的生活，他更喜欢自由自在地与人独立交往。见到熟人时，还像从前一样热情地与他们打招呼：“你好，让我们去吃个热狗如何？”对他而言，创业是人生的旅途，财富是价值量化的标尺。他说过：“我不是在为金钱而工作，金钱让我感到很累。”

“我只是这笔财富的看管人，我需要找到最合适的方式来使用它。”这就是比尔·盖茨对财富真实的看法。

在生活中，比尔·盖茨也从不乱花钱。有一次，比尔·盖茨与一位朋友同车前往希尔顿饭店开会。停车场停满了车。朋友建议他把车停在饭店的贵宾车位，比尔·盖茨却极力反对：“噢，这可不是个好主意，贵宾车位要花12美元，这可不是一个好价钱，他们超值收费。”

他的朋友说：“这钱可以由我来付。”但比尔·盖茨还是不同意。

比尔·盖茨说：“花钱如烹饪一样，要恰到好处。盐少了，菜会淡而无味。盐多了，菜会苦咸难咽。”

世界32位顶级企业家举办“夏日派对”，比尔·盖茨穿的一身套装的价格还不及歌星、影星一次洗衣服的钱多。但他时常提醒自己："一个人只有用好了他的每一分钱，才能做到事业有成、生活幸福。"

平日里，比尔·盖茨会选择便裤、开领衫、运动鞋，没有一件昂贵名牌。对于自己的衣着，他从不看重品牌，只要穿起来舒服就行。他厌恶"过分享受"的奢侈，更厌恶靠名牌去炫耀自己的身价、用金钱摆阔气的人。他对享受生活有着自己的见解："如果你已经习惯了过分享受，你将不能再像普通人那样生活，而我希望过普通人的生活。"

比尔·盖茨习惯了在公司吃快餐，一块比萨、一杯饮料，往往就是他的正餐和加餐。他在纽约一家中餐馆吃了一顿24美元的套餐，高兴地向侍者竖起大拇指，大赞"真是划算"。

比尔·盖茨在哈佛时，困倦了就往乱糟糟的床上一躺，蒙上一条毯子就呼呼大睡。十年后，微软公司成了知名企业，比尔·盖茨的房间依然十分简陋，不仅没有电视机，甚至连必要的生活家具也没有。

他的朋友雷伯恩说："他哪像美国最富有的人啊，竟然没有随从，好像是闲逛一样，对我说：'喂，我们一起去吃热狗吧。'"

比尔·盖茨的"节约"，也体现在孩子身上。他严格控制孩子的花费，宁愿将钱捐给社会，也不给孩子挥霍。有一句话叫"豪门出败子"，比尔·盖茨深切地认识到金钱可能会给孩子带来负面影响甚至是伤害，他宁可将大笔的钱捐献给社会慈善机构，也不愿让孩子们随意挥霍。

比尔·盖茨告诉《今天》节目的主持人马特·劳尔，他的三个孩子都是在过了13岁生日后才得到自己的第一部手机。“我们家把13岁定为能得到手机的年龄。”

以致孩子们常向他抱怨说：“其他孩子都有手机，我是班里唯一一个没有手机的人，这太尴尬了。”

比尔·盖茨认为在富裕家庭长大的孩子，养尊处优将会让他们一事无成。他曾多次公开宣称：“大家知道，很多人都希望把他们积累的财富留给下一代，这样做当然合情合理，无可厚非。但对我个人而言，如果我能把自己有幸掌管的财富回馈给社会，或用到重要的事业上，如科技、教育、医学研究、社会服务及其他领域，将更利于社会，也更利于我的孩子。”

我要在自己的有生之年把95%的财产捐出去……只给孩子留下2%的遗产，其余全部回馈社会。

我不会给我的继承人留下很多钱，因为我认为这对他们没有好处。

在他的影响下，孩子们自幼便懂得：一切获得都只能靠个人的奋斗。不仅如此，比尔·盖茨还通过言传身教，给孩子们树立了一个生活极其朴素、不奢靡浪费的形象。

比尔·盖茨的金钱哲学，不仅仅出于俭朴，更是他的一种人生态度。在他看来，还有比金钱更高的价值存在。

当你拥有财富时，不应挥霍，而应慈悲地使用它。

圣诞节

17岁，比尔·盖茨向大学提交申请的时候，选择了三所学校：哈佛大学、耶鲁大学和普林斯顿大学。针对这三所学校，他表明了三种不同的志向：耶鲁是为了政治；普林斯顿是为了计算机工程师；哈佛是为了法律。他被三所大学同时录取，最终他选择了哈佛。保罗·艾伦警告他说，哈佛有比他更聪明的人。比尔·盖茨回答说："不可能！不可能！"他考进哈佛时，SAT成绩是1590分（满分是1600分），原本打算学法律的他，第一年却上了MATH 55课程。

1973年，比尔·盖茨进入哈佛大学。一天晚上，他邂逅了一位天才学生，此人对他影响很大，就像他高中时的好朋友保罗·艾伦一样。他就是史蒂夫·鲍尔默，后来成了微软的总裁。

史蒂夫·鲍尔默和比尔·盖茨住在宿舍楼的两端，他们一见如故。这两位数学天才是在大学电影院里观看电影时相遇的。看完电影后，他俩合唱了剧中歌曲。对数学、科学和拿破仑的崇拜之情使他们得以神交。史蒂夫·鲍尔默和比尔·盖茨搬进同一个宿舍，起名为“雷电房”。他们在一起，整夜激昂地争论拿破仑，一个声音试图压倒另一个声音，使整个宿舍像雷电交加的夜晚一样令人亢奋。

史蒂夫·鲍尔默和比尔·盖茨一样精力充沛，可以几天几夜不眠不休。比尔·盖茨常通宵达旦地玩桥牌，两人会在早餐时碰面，一起讨论应用数学、玩数学竞赛游戏。他俩一起选修研究生的数学和经济学，但比尔·盖茨大多数时间都逃课，期末才玩命突击，花尽可能少的时间，得尽可能高的分数，这就是他们的游戏。在宏观经济学的期末考试中，两人虽然从未上过一堂课，但史蒂夫·鲍尔默得了97分，比尔·盖茨得了99分。

两人都想将上课时间降到最少，但史蒂夫·鲍尔默与比尔·盖茨的梦想不同，他将大量的时间投入了社会活动。在哈佛大学，史蒂夫·鲍尔默开始了他的领导生涯——橄榄球队经理、学生报纸《红色哈佛报》和文学杂志《教练》主编、男性学生“狐狸俱乐部”的骨干。史蒂夫·鲍尔默邀请比尔·盖茨参加狐狸俱乐部，在那里大家穿着半正式的礼服、抽雪茄烟、饮酒过量后站在椅子上讲故事、打台球。两人虽个性有差异，但投缘到像齿轮一样丝丝入扣。用比尔·盖茨的话说，两个人是“高频段交流”，彼此能接受对方的全部信息。两个人经常如两台联机的终端一样相接，即使亲兄弟也未必能这样默契，这就是为什么两个人可以在日后亲密无间合作的原因。

圣诞节前夕，比尔·盖茨邀请史蒂夫·鲍尔默到家里过圣诞节。星期天早上，在教堂的礼拜仪式上，史蒂夫·鲍尔默和比尔·盖茨的家人一起去教堂，恰好听了一场比尔·盖茨的父亲关于领导力的演讲。

比尔·盖茨的父亲分析了他所知道的那些卓越领导者和使他们出类拔萃的成功因素，比如，正直的人品、外交上的天分和演讲的热情等。比尔·盖茨的父亲把林肯总统的第二次就职演说词分发给在场的听众。这篇演说词气势磅礴，至今仍铭刻在林肯纪念堂南墙的石壁上。

一位女士举手提问，她问："威廉先生，请您用一句话解释演说词中'我们共同面对一切'是什么意思。"

比尔·盖茨的父亲说："人人为我，我为人人。我发现，有一个最具破坏力的词，这个词就是'我的'（mine），它使我想到另一个更强大的词：我们的（ours）。当我们通过工作换取了各种资产后，往往会滋生一种想法——我们的成功完全归功于自己的努力。我们至少应该怀有一颗感恩的心，感谢好的运气和朋友们的帮助。"比尔·盖茨的父亲接着说："我们都是社会的一分子，大家相互依赖，相互依存。如果没有他人相助，我们不可能取得成功。我想这也许就是林肯演说词中'我们共同面对一切'的意义所在。"

比尔·盖茨的父亲怎么也没有想到，儿子和他的哈佛朋友史蒂夫·鲍尔默，这两个刚满18岁的小伙子，会在未来共同缔造微软王国，而"我们共同面对一切"也成了他们最喜欢的格言。

“我们共同面对一切。”把“我”化为“我们”。用比尔·盖茨父亲的解释来说，就是“人人为我，我为人人”。

比尔·盖茨决定从哈佛大学退学时，曾被许多亲朋好友劝阻，其中也包括史蒂夫·鲍尔默。数年后，当史蒂夫·鲍尔默在斯坦福商学院攻读MBA课程时，比尔·盖茨又来劝他退学。经比尔·盖茨的轮番劝说，史蒂夫·鲍尔默从斯坦福退学了，他去了比尔·盖茨创办的当时只有16人的微软公司。

与比尔·盖茨不同的是，史蒂夫·鲍尔默善于社交。他说：“一个人只是单翼天使，只有两个人抱在一起才能飞翔。”

把“我”化为“我们”，成了他们一生追求的信念，他们也用生命实践了这个信念。

休　学

比尔·盖茨无法抵抗电脑的诱惑，他经常逃课，一连几天待在艾肯计算机中心的电脑室里，整晚地写程序、打游戏，因为那时使用计算机的人还不多。有时疲惫不堪的他会趴在电脑边酣然入睡。比尔·盖茨的同学常在清晨发现比尔·盖茨在机房里熟睡，在课堂上发现他睡觉也是常有的事。他的生活极其紧张，三天不睡觉对他来说如同家常便饭。一位室友说："他通常36个小时不睡觉，然后倒头便睡上十来个小时，然后出去吃块比萨，回来继续学习。"

比尔·盖茨的大学生活在大二的时候突然改变了。1975年元旦，保罗·艾伦气喘吁吁地来到比尔·盖茨的宿舍楼，手里拿着一本在哈佛广场书店新买的《大众电子》杂志，封面标题赫然写着："世界首台微型计算机挑战商业计算机！"封面上是一台牵牛星8800电脑的照片：一个灰色的盒子，前端控制板上是一排排小灯和二进制交换开关。保罗翻到第33页，牵牛星的另一幅照片旁边附有一句用于推销的大标题：牵牛星8800有史以来最强大的微处理器，只需400美元即可拥有！这句话点燃了比尔·盖茨和保罗的梦想：家家户户拥有计算机的时代——曾是科幻小说家们的热点话题——已经成为现实！“牵牛星”代表着“一种成熟的计算机，其性能足以与市场上的商业计算机相匹敌”，但它“只需要一台彩色电视信号接收器的价格”。

保罗说：“这件事情在我们没参与的情况下发生了。”

新墨西哥州MITS公司研制成世界上第一台个人电脑——牵牛星8800。这是一个没有显示器和键盘，只有开关控制板和明灭灯号的“怪家伙”，名称源于《星球大战》。比尔·盖茨的潜意识如电光火石般一闪：个人计算机革命发生了，它将改变整个世界。读完这篇报道，两个人都非常激动，个人电脑时代即将来临，而软件将是至关重要的组成部分。将要改变整个世界的个人计算机革命发生了！

在他们眼前的，是第一台商用个人计算机，两个年轻人为之兴奋。兴奋之余，也发现了问题：微电脑没有电脑语言，所有电脑语言都是为大电脑写的。他们抓住了微计算机没有电脑语言的致命软肋，决定编写软件，让业余爱好者们能够在牵牛星上运行程序。更准确地说，他们打算为BASIC语言编写一个编译器，这将是为微处理器编写的第一个商业化编程语言。

他们开始为下一步做计划。好消息是：火车终于出站了，坏消息是：还不知道能不能及时坐上这列火车。

尽管杂志里的文章很含糊地提到了BASIC和FORTRAN两

种语言，但MITS公司是否正在开发或已经有了基于8800的语言，他们无从知晓。

抱着一丝希望，他们用之前西雅图交通数据公司的商用信函给MITS公司总裁写了一封信，宣称自己为8800电脑开发出了BASIC语言编译器。但实际上，当时他们还没有编写任何软件。他们一直没有收到回信，便决定给MITS公司打个电话。

比尔·盖茨说："你跟他们讲，因为你比我大。"

保罗说："不，你来打电话。这种事情你在行。"

最后他们达成协议：比尔·盖茨负责打电话，但在电话中用保罗的身份。可是，考虑到或许要与MITS面谈，他们的想法是，由保罗去和他们见面。保罗留着胡子，看起来至少像个成年人；而比尔·盖茨虽说已经迈入20岁的门槛，但看上去还像个高中生。

接听电话的人是MITS的创始人爱德华·罗伯特。

"你好。我是爱德华·罗伯特。"

"我是波士顿的保罗·艾伦，"比尔·盖茨说，"我们为'牵牛星'编写了BASIC语言，就要完成了，我们想把它带给您看一下。"

对比尔·盖茨虚张声势的水平，保罗十分钦佩，可又怕他过了火，毕竟，他们一行编码都还没写呢。

罗伯特很感兴趣，但这样的电话他一天能接十来个。他告诉比尔·盖茨，就像告诉其他给他打电话的人一样："我每天都收到很多来信和电话，我告诉每个人，不论是谁，第一个拿着可运行的BASIC语言编译器到公司的人，将会得到为‘牵牛星’编程的合同。”罗伯特说，由于MITS还在调试“牵牛星”的内部存储卡，他们需要在“牵牛星”上运行一个BA-SIC演示版程序。他们会在一个月后完成调试，也就是说，他们只有一个月的时间。

电话只持续了五分钟。谈话结束后，比尔·盖茨和保罗都看着对方。给微处理器编写一个语言，说起来是一回事，做起来可就是另一回事了。他们从来没有见过这台机器，更别提拥有程序调试的电脑了。后来他们才得知，在当时，甚至连MITS自己的工程师对Intel 8080能否运行BASIC程序都心存怀疑。

如果他们当时没那么年轻，或者说他们更明白事理一些，也许就放弃眼前的这个挑战了。但是，那时的他们血气方刚、一腔热血、满怀激情，他们坚信自己能够完成这项任务。此后一个月，他们一直待在哈佛大学艾肯计算机中心。从一开始时间就很紧——原先比尔·盖茨告诉爱德华·罗伯特，BASIC程序已经接近完成了，所以爱德华说，他希望在一个月左右的时间里见到成品。而实际上那时他们连一本8800的说明手册都没有。

他们不停地忙碌，到了周末就两班倒。比尔·盖茨基本上不去上课了，保罗也不顾在霍尼韦尔的工作了，只是每天下午去办公室待到五点，然后再回艾肯计算机中心一直干到凌晨三点左右。

在后来的八周里，比尔·盖茨、保罗和另一位学生蒙特日夜不停地工作。有时候，保罗会看到比尔·盖茨睡在终端机前。比尔·盖茨“在编写代码的时候，身子渐渐向前倾倒，直到鼻子碰上键盘。睡上一两个小时后，他睁开眼，看看屏幕，眨两下眼，然后继续自己的工作，他惊人地专注。”

他们休息的时候会去“哈佛比萨屋”，一边享用咖啡或辣肠馅饼，一边幻想着未来的创业生活。

有一次，保罗问比尔·盖茨：“要是一切顺利，你觉得我们的公司能办得多大？”

比尔·盖茨说：“我想会有35名程序员的规模吧！”

对保罗来说，那可真是雄心壮志。

他们一直待在哈佛艾肯计算机中心干了八周，没日没夜地编写、调试程序。两个月通宵达旦的心血和智慧，产生了世界上第一个BASIC编译器。

代码的精简是非常重要的，因为“牵牛星”的内存只有4K。三个人会不断地竞赛，看谁的代码能做得更精简。晚上，他们会研究打印结果，找出使代码更加精简的办法。

比尔·盖茨说：“这不是我是否能够编写代码的问题，而是能否将它浓缩到4K以下，并且保证运行速度超级快！它是我写过的最酷的程序。”

最后，这个程序被精简到3200字节大小，只有200行代码，是一个精致的BASIC程序——在如此小的存储空间下，它的功能和速度却无可匹敌。

比尔·盖茨对保罗说，这个程序是“我们最好的作品”。

保罗说：“对我们三个年轻人来说，这是个了不起的成就。它是协作的成果，我估计比尔·盖茨在其中占了45%，蒙特占了30%，我占25%——但不包括我编写的开发工具软件。在我们嵌入BASIC程序的初始声明中这样描述道：保罗·艾伦编写了非运行时部分，比尔·盖茨编写了运行时部分，蒙特·大卫杜夫编写了数学软件包。”

决定性的一天到来了。

保罗在MITS公司打开“牵牛星”，让纸带输入机载入代码，这花了十分钟时间。MITS公司的人都静静地站在那里，创办人罗伯特和同事们交换着好奇的目光，他们已经开始怀疑这是否会成功。那一刻，保罗心中全无把握。即使比尔·盖茨再三核查，模拟器程序和解释器也可能存在纰漏。保罗按下“运行”开关。“不可能一下就成功的。”他想。

电传打字机咔咔地动了起来。保罗呆呆地看着打出的大写字母，简直不敢相信这是真的。但这行字就在那里：“内存大小？”

“嘿！”一个员工说道，“打出字来了！”

这是罗伯特第一次看见“牵牛星”做出内存检测之外的事情，他们都呆住了。保罗也愣在那里。他们目瞪口呆地看着机器，过了几秒钟，他把全部七条存储卡的容量输入：7168。

“牵牛星”回复道：“OK。”

到此为止，保罗肯定BASIC程序前5%是顺利的，但离最终目标还远。决定性的考验是他们在哈佛期间作为软件期中考试的一个标准指令。这就要靠比尔·盖茨的核心编码、蒙特的浮点数学程序甚至保罗的“精简”代码了，作用是将一些单词用一个字符代替。如果这一步能成功，那么BASIC程序大部分就是完美的；若是不行，他们就失败了。

保罗输入了指令，“打印2+2”。

“牵牛星”立刻做出回应，“4”。

这是一个不可思议的时刻。这是在商业化家用计算机上运行的第一个软件程序。

罗伯特惊叫道：“天啊，它打出了‘4’！”

1969年，罗伯特在自己家的车库里创办了一家公司——微型仪器和遥感系统公司，即MITS。他已经负债累累，为这台多功能微型计算机他几乎赌上了一切，现在，他的梦想就要实现了。他无法相信这个事实：比尔·盖茨和保罗没有碰过“牵牛星”的任何硬件，竟然编出了“牵牛星”的程序！他对此惊讶不已。

但是罗伯特的吃惊程度还比不上保罗，保罗不敢相信他们的8080 BASIC程序第一次运行就如此完美。“牵牛星”的单字节回应，那道经典的初级计算题，都证明了他们的软件是成功的。

保罗狂喜不已，也深深地松了口气。

罗伯特说："我们去办公室吧。"

保罗坐在了罗伯特的办公桌前。

罗伯特猛吸几口烟，说："你们是第一个把程序拿给我们的人，我想让你们签一份许可文件，这样我们就能把软件跟'牵牛星'一起卖出去。合同的条款我们稍后再商量。"

保罗止不住咧着嘴笑。

一回到酒店，保罗就打电话告诉了比尔·盖茨。比尔·盖茨听到这个消息也是激动万分，他敏锐地意识到，计算机的发展十分迅速，要等到自己大学毕业之后再从事这项工作，可能会错失良机。所以，他毅然决定休学。

他打电话把这个决定告诉父母。父母听到这样的消息，自然难以接受。为了劝阻比尔·盖茨，父亲特意找到白手起家、受人尊敬的著名企业家斯托姆，请他帮忙说服自己的儿子。比尔·盖茨和斯托姆一见如故，忍不住向他吐露了心中的烦恼："完成哈佛大学的学业，是父母的期盼，我不忍心让他们失望。但是，电脑的发展到了关键时刻，很快就会引来一场惊人的技术革命，电脑将走入千家万户。一分钟也不能等了！"

斯托姆听完比尔·盖茨的创业计划，脸上露出赞赏的神情。

他沉思了一会儿，微笑着说："我给你讲个故事吧！从前有一只小蜈蚣，它可以用它的100多只脚，跳出非常美妙的舞蹈。每逢它跳舞，森林中所有的动物都会闻讯跑来观赏，大家都非常喜欢它美妙的舞姿，纷纷给予它热烈的掌声。可是，有一只小动物，出于妒忌心理非常不喜欢看蜈蚣跳舞，那就是乌龟。怎样才能阻止蜈蚣跳舞，成了一个让它十分头痛的问题。因为，它如果说出自己不喜欢蜈蚣，一定会众叛亲离。它当然也不能说蜈蚣不如自己跳得好，那会贻笑大方。”

“于是，它想了一个很恶毒的计划，那就是坐下来给蜈蚣写了一封信：‘喂，伟大的舞蹈家蜈蚣，我对你精湛的舞艺简直佩服极了。我很想知道，你是怎么跳舞的。是不是先举起你的第28号左脚，再举起你的第30号右脚？还是先举起你的第17号左脚，再举起你的第44号右脚？我热切地期待你的回信。无比崇拜你的乌龟敬上。’”

“蜈蚣读了信以后，马上开始思索自己是怎么跳的。它到底先举起哪只脚，然后再举起哪只脚。小伙子，你应该能猜到后来发生了什么事吧，那就是可怜的蜈蚣，从此再也不会跳舞了！”

听完这个故事，比尔·盖茨恍然大悟：当你想要做一项决定，却又无比迷茫，不知如何取舍时，请首先忘记蜈蚣的第28号左脚，患得患失将一事无成。

一个人最应该聆听的，其实还是自己内心的声音，也只有它才会告诉你，到底什么样的生活才是你最想要的。

于是，比尔·盖茨果断做出决定：休学。

他在给父母亲的信里说明了自己休学的决心：“每一天都会有一个机遇，每一天都会有一个对某个人有用的机遇，每一天都会有一个前所未有的、绝不会再来的机会。一个人要想成功，就要学会在机遇从头顶上飞过时跳起来抓住它。最有希望的成功者，并不是才华最出众的人，而是那些最善于利用每一个时机进行发掘开拓的人。”

比尔·盖茨毅然决然地办理了休学手续。

当比尔·盖茨从哈佛休学，搬到新墨西哥州阿尔帕克基开创微软时，比尔·盖茨的父亲说，我和他母亲都很担心，我想她比我还要更加担心一点儿；我们的期望和那些孩子正在上大学的父母一样，就是希望孩子能拿到学位。

多少年后，比尔·盖茨的父亲说，有一些迹象表明儿子或许不是一般人，但他没有想到会是如此的“不一般”。

父亲说：“在他的班级里有许多聪明的孩子，他或许不是最聪明的。他很早就表现出令人诧异的独立性，他的性格显示出他具有独立思考的能力。”

比尔·盖茨的父亲意识到：生活不断地为我们提供机遇和挑战，而应对机遇和挑战的方式决定了我们的未来。有时机遇和挑战以意想不到的形式结伴而来，就像一个苛刻的上司。孩子需要更大的自由来回应它的种种需求。

其实，让孩子成功的秘诀就是：不要限制孩子的梦想！应当在适当的时候选择放手。

白手起家

1975年，哈佛大学放暑假后，比尔·盖茨和蒙特到新墨西哥州阿尔伯克基与保罗会合。他们在珀特斯公寓一楼租了一套两居室的房子，离MITS有15分钟车程。保罗整天忙着MITS的工作，比尔·盖茨和蒙特慢慢做着BASIC程序。他们租了一台DEC编辑终端设备，将它安装在客厅里。

渐渐的，比尔·盖茨和蒙特养成了通宵工作的习惯，他们会一直工作到早晨，除非轮到学区那边要使用PDP-10来通知他们停下来。

比尔·盖茨每天敲打着键盘。他的生活很简单，要么是能量大爆发地工作，要么是睡得不省人事。他会一口气干到自己再也支撑不下去，然后蜷在办公室的地板上很快睡着。有时候保罗早晨回到MITS，看见比尔·盖茨一双大脚从办公室的门里伸出来，脚上还穿着磨旧了的懒人鞋。

1975年7月，他们的4K和8K版本BASIC程序推出上市了。看到这些纸带被装箱运走，他们都很激动——他们的智慧结晶，走向了全世界。

BASIC程序的订单数量每天都在暴增，在阿尔伯克基这栋小而陈旧的楼里，似乎一切都有可能发生和实现。

他们唯一的产品是8080 BASIC程序，而MITS是他们唯一的客户——“我们的利益是相关的”。

起初的几个月，他们跟罗伯特的交易都是基于当初的握手协议，但现在他们想让这种关系正式化。经过反复考虑后，比尔·盖茨找到一个当地的律师起草了合同。MITS拥有为期10年的“专属许可权”，可在全世界范围内销售BASIC程序。作为回报，MITS需要预先支付给他们3000美元，再根据程序版本的不同，每份程序支付30美元到60美元不等的专利费。若是客户没有购买机器而只是购买了BASIC程序，两家五五分成。当他们把BASIC许可给MITS之外的第三方自主生产的原始设备制造商时（OEM），收益也是五五分成。比尔·盖茨和保罗享有软件的所有权，可以进行自由交易。

他们的律师在合同中加入了一项条款来保护他们的利益——第五条，条目是“公司责任义务”，内容是：“乙方公司同意尽最大努力将本程序发放许可、推广及商业化，若未尽到以上义务，许可证持有人有足够理由和依据终止本合同……”

七月的一天，罗伯特走了进来，手里挥动着合同说：“合同不用看了。我信任你们，马上就签！”比尔·盖茨和保罗面面相觑，尽管他们觉得没有太占他便宜，但这份合同明显是偏向他们这边的。

比尔·盖茨对他说：“你不找个律师帮你看看吗？”

爱德华答道：“不用，肯定没事儿！”

在一家公司的发展历程中，有一些时刻是决定性的。签下这份售卖原始版本BASIC程序的合同，对比尔·盖茨和保罗来说是重大的转折。接下来，他们需要给他们的公司起个名字。开始的时候，他们考虑用“艾伦和盖茨”（Allen & Gates），但听起来太像一家法律事务所。保罗又想出一个“微软”（Micro-Soft），是微型处理器（microprocessors）和软件（software）的组合。比尔·盖茨立刻感觉到这就是他们要的名字。“微软”听起来直截了当，字面上就传达出他们所从事的行业的内容。

1976年11月26日，比尔·盖茨和保罗合作创建了他们的公司——微软公司。那年，比尔·盖茨正好20岁。

比尔·盖茨有这样一个期许：“每张书桌上有一台电脑，每个家庭有一台电脑，每台电脑都用微软的产品。”

公司刚起步的时候，冲劲十足、精力充沛的比尔·盖茨和保罗根本不知道什么是疲倦和劳累，他们在灰尘弥漫的汽车旅馆中租用了一间办公室，开始了艰苦的创业旅程。他们挤在杂乱无章、噪音纷扰的小房间中，没日没夜地写程序。保罗多次发现比尔·盖茨累得在地板上呼呼大睡。饿了，他们就吃比萨饼充饥，实在累得受不了了就出去看场电影或开车兜风解困……

保罗回忆道：“当时我们经常一直干到半夜，我们爱死了电脑软件的工作，那时侯我们玩得真开心。”

比尔·盖茨说："那时候，保罗常常要把我从垃圾桶里拉出来，而我却继续趴在那里不肯起来，因为在那里我找到一些沾着咖啡渣的程序设计师的笔记本或字条，然后我们一起对着这些宝贵的资料研究操作系统。"

当他们的年度结算单出来时，他们很是失望——总收入只有16005美元。根据比尔·盖茨的计算，购买"牵牛星"的客户中只有十分之一的人购买了他们的BASIC程序。这很难理解，因为没了他们的BASIC程序，"牵牛星"几乎毫无用处。

后来，他们明白了销量如此低的原因。人们有足够理由不买他们的程序——他们很多人能得到盗版的免费程序。既然能大量复制，为什么还要去花75美元买它呢？

1975年10月，爱德华·罗伯特在《电脑概述》上写道："任何使用盗版的MITS BASIC程序的人，你们的行为使自己等同于一个贼！"但似乎没有人把他的警告当真，到这一年结束，微软的版权税收入依旧屈指可数。

"这是不对的！"比尔·盖茨说，"我们那么辛苦编出来的程序，他们这是抢劫！"

保罗也这样认为—— 一天18个小时的付出就这么白费了？

恼怒的比尔·盖茨在1976年1月的《电脑概述》上写了《致计算机爱好者的一封公开信》，他称自己是"微软的普通合伙人"，解释了编写BASIC程序的艰难历程，以编程所花时间来计算，他们所收取的版权税只相当于每小时不到两美元的报酬。

“为什么会这样？广大计算机爱好者必须明白，你们大多数人偷了我们的软件。硬件是必须花钱买的，软件是拿来共享的。谁在乎编写软件的人能不能得到报酬？这样公平吗？你们的所作所为（使用盗版软件）扼杀了好软件的生机！谁愿意白费力气去做专业的工作？……事实是，除了我们，没有人在编写个人计算机软件上投入这么多……直接地说，你们的行为就是偷盗！”

与罗伯特的警告相比，比尔·盖茨的言辞并不算过分。尽管如此，他的这些文字还是激起了一些人的过激反应。南加州计算机协会威胁说要起诉比尔·盖茨诽谤。比尔·盖茨的《致计算机爱好者的一封公开信》未经罗伯特授权就用了印有MITS的信纸刊发，罗伯特为此大怒。他在两个月后的《电脑概述》上刊登一篇后续文章，文章中仍坚持“存在软件偷盗行为”的观点，但澄清比尔·盖茨并非MITS的员工。

那段时间里，罗伯特和比尔·盖茨的矛盾似乎一触即发。罗伯特尽管只有30多岁，却常以一种父亲般的口吻来威逼他们，但没有人能威逼得了比尔·盖茨，他不会在他认为正确的事上装出一副谦逊的样子。当比尔·盖茨要拓展许可期限或苛刻地批评劣质存储卡时，罗伯特就认为比尔·盖茨是不顺从的。他们争吵的声音回荡在整个车间里，这绝对是一个奇观——一个是魁梧的前军官，一个是体重不到他一半的板着脸的天才，两个人针锋相对，谁也不肯让步。

1976年末，MITS的市场占有率降到了25%，后面紧跟着的是IMSAI占17%、处理器技术公司和西南技术产品公司各自占8%。对罗伯特来说，这个趋势不容乐观，而在比尔·盖茨和保罗两人看来，机会正在敲门。

个人计算机市场正在膨胀，新的机型不断出现。这一年的后期，他们第一次把软件卖给了第三方制造商：数据技术集团、国家收银机公司、花旗银行、通用电气。所有的交易都是一次性付费，这让他们成为这些机器的BASIC程序的独家供应商。

随着时间的流逝，微软成为个人计算机领域语言开发公司的龙头，公司的合伙人也开始分工合作，把各自的强项发挥到了极致。比尔·盖茨专注于法律和合同事宜，兜揽新生意，控制专利许可买卖。无论何时，只要保罗告知比尔·盖茨一种新的微型计算机，他就会大展身手去推销他们的软件。

罗伯特的MITS公司生意越做越难，两家的利益互补性也越来越少。为了使微软的收入实现最大化，他们需要将软件尽可能地广泛散布。而在罗伯特看来，最完美的方式是只卖给“牵牛星”的用户。

正当比尔·盖茨和保罗壮志满怀的时候，微软卷入了一场灾难性的官司中……当时软件盗版情况特别严重，大大损害了微软的利益，比尔·盖茨认为罗伯特应该对市场上盗版的BASIC编译器负责，于是将它收回卖给了Perterc公司，但在这之前他曾经和罗伯特签署过该软件的协议，允许MITS在十年内使用和转让BASIC程序和源代码。

很快，MITS将微软公司告上了法庭，高昂的律师费令比尔·盖茨不知所措。与此同时，Perterc也拒绝支付微软版权费，法院仲裁过程慢如蜗牛，收入的减少和庞大的开支把微软逼到了濒临破产的境地。比尔·盖茨和保罗几乎都挨不过去了。

比尔·盖茨对那段经历至今历历在目："他们企图把我们饿死，我们甚至付不出律师费，所以当他们有意与我们和解时，我们几乎就范了。事情到了那么糟糕的地步，仲裁者用了九个月才发布那该死的裁决……"

不过，他们终于熬过来了，微软赢了这场官司。

其实，比尔·盖茨当时完全可以向父母借钱，只要他开口，相信他的父亲也会帮他渡过难关的，但他没有，比尔·盖茨认为微软必须自力更生。

比尔·盖茨就是这样白手起家，艰难地、一步一步地打天下。

母亲的信

1975年母亲节，比尔·盖茨在寄给母亲的卡片上，用斜体英文写着这么一段话："我爱您！母亲，您从来不说我比别的孩子差；您总是在我干的事情中，不断寻找我值得赞许的地方。我怀念和您在一起的所有时光。"

不久，他收到母亲的回信，信上写着："志存高远。"

"志存高远"，是母亲送给他的话。

在母亲眼里，比尔·盖茨是个长不大的大男孩，而比尔·盖茨也乐于在母亲眼里永远当个大男孩。比尔·盖茨习惯于母亲的娇宠，当别人家的孩子早已离开父母独立生活时，比尔·盖茨还与母亲有着说不完的知心话。在波士顿和新墨西哥州，比尔·盖茨即使工作再忙，也不忘以通信的方式与母亲交流。

1906年，比尔·盖茨的外祖父全家迁往西雅图，在西雅图创建了美国城市银行。外祖父詹姆斯·威拉德·马克斯韦尔还在大学的时候，就结识了妻子阿黛尔·汤普林——来自埃纳姆克洛的机灵活泼、爱好体育运动的姑娘。她一直是女子高中排球队的一颗明星，并且是班上非常出名的学生。他们的女儿玛丽，即比尔·盖茨的母亲，在大学里是个很活跃的姑娘，社交能力也很强，竞选学生会秘书时她曾以绝对的优势取胜，她还任女生联谊会会长，是妇女名誉学会会员和学校滑雪队的成员，曾在1950年校女子滑雪比赛中获得冠军。玛丽活跃、乐观、大胆、冒险的生活态度，使她在职业生涯的开始便一举成名。当她因为怀了第一个孩子克里斯蒂而提出辞职时，校长给她写了一封亲笔感谢信，称她是自己所遇见过的“最称职、最优秀的教师”。离开教育事业后，她将自己的天分发挥在家庭中。外祖父和外祖母的慈善基因，也遗传给了女儿玛丽。

玛丽热爱慈善事业，她的一生都在做义工。比尔·盖茨从小围坐在餐桌旁，孩子们在母亲“圣诞节你会给予救世军多少津贴”的询问中长大。在说到父母谁对比尔·盖茨的影响更大时，比尔·盖茨的父亲说：“比尔·盖茨的母亲是一位伟大的女性。不仅给了比尔·盖茨智慧，还言传身教，教会儿子博爱、仁慈、负责任、有同情心，做一个顶天立地的人。”

她母亲让他随时铭记住的是“志存高远”和责任。

1978年，比尔·盖茨决定将公司搬回家族所在地——西雅图，因为没有精英人才愿意去新墨西哥州阿尔伯克基的沙漠里工作，同时他也希望随时能与家人进行交流。

“每个周日我都会回家，与父母聊我正面对的挑战，并获得一些建议，回家就是减压。”

比尔·盖茨从父母的身上体悟到了豁达，豁达不单单只是一种对他人或对自己的宽容，更是一种把成功和失败都看淡的人生境界。

比尔·盖茨创立微软公司后迎来的第一个机会是与IBM合作，其中离不开母亲玛丽的作用。

玛丽是美国联合慈善总会的志愿者，后来成为该协会的首位女性领导人。在联合慈善总会董事会，她结识了时任IBM公司总裁的约翰·欧宝。通过玛丽的介绍，欧宝知道了微软的存在。

1986年，微软在成立11年后上市，仅仅一年时间，股价便翻了六倍。31岁的比尔·盖茨，一跃成为亿万富翁。

无数要求捐款的信件雪片般飞来，要求捐款数额的增长与微软的发展速度、与比尔·盖茨的名气增长成正比。起初，他根本没把这些事放在心上。母亲一直劝他：“财富意味着责任，更大的财富意味着更大的责任。”但比尔·盖茨并不理解这些话。

有时他会不耐烦地回答道：“我为社会能做的最好的事情，就是让我这家企业成功！”

从比尔·盖茨的角度来看，这未必没有道理：每个人都有自己回馈社会的方式，微软公司解决了数万人的就业，推动了美国和全球经济的活跃。

比尔·盖茨的父母亲亲自出马，帮忙回复捐款事宜。而促使比尔·盖茨的态度发生根本转变的是在母亲的去世。

在母亲患病之前，比尔·盖茨还是单身，也不愿意结婚。为此，母亲非常着急，她一向都非常关心比尔·盖茨的感情生活，也为之付出了不少的苦心，在确定自己患了癌症之后，她更加担心自己去世后，没人来照顾比尔·盖茨。

母亲正在与死神搏斗。比尔·盖茨想起小时候的许多事，想起自己与母亲的“斗争”，后悔极了，那几年，母亲一定伤心极了。

比尔·盖茨知道，母亲深深爱着梅琳达。梅琳达出生在达拉斯郊区，她父亲是个十分敬业的工程师。她毕业于杜克大学计算机系，后来攻下MBA学位。1987年，22岁的梅琳达来到西雅图，在微软担任市场经理。手下有100多名员工。梅琳达曾经反馈过一条重要信息，修正了Windows的致命失误，避免了公司的重大损失。

那时，梅琳达并不知道未来会如何，更不知道微软对她意味着什么。到处都是“特殊材料做的人”，他们是如此的聪明，在改变着这个世界。四个月后的一天，她第一次到纽约出差。聚餐时，她坐在CEO比尔·盖茨的旁边。梅琳达并非大美女，但在那之后，回忆起初次见面的情景，比尔·盖茨说是梅琳达的长相吸引了他。梅琳达则说：“他当然比我想象的风趣。”

那年秋天，一个周六的下午，比尔·盖茨和梅琳达在微软的停车场相遇。他们聊了一会，然后比尔·盖茨说："两周后的周五晚上和我一起出去吧。"

梅琳达则让比尔·盖茨两周之后再联系她。

两周后，比尔·盖茨如约给梅琳达打了电话，梅琳达自然也答应了他的请求。

比尔·盖茨和梅琳达都是工作狂，两人都喜欢在办公室里加班。

尽管微软公司一向以员工习惯性加班、拼命工作而闻名，但那些工作到眼冒金星的员工还是心悦诚服地说，他们之中没有谁能比CEO比尔·盖茨更辛苦。

比尔·盖茨从自己的办公室窗口望出去，正好可以看到梅琳达。

一天，比尔·盖茨来到了梅琳达的办公室，微笑地对她说："请你永远为我点亮这盏灯！"

从此，办公室也成为他们约会的地方，这才发现两人的兴趣惊人地相似，他们喜欢读同一本书，有时等不及对方读完就抢先去读。比尔·盖茨与梅琳达还经常玩猜谜、拼图等智力游戏，他们还喜欢参加挑战性强的活动。一次，他们一起参加一个朋友的婚礼，婚礼的主要节目就是请来宾们参加雪地追狗比赛。比尔·盖茨与梅琳达在零下30摄氏度的阿拉斯加一起跋涉了43公里，不仅毫无怨言，还乐在其中。他们还和朋友一起到非洲度假，进行野外生火的比赛。

梅琳达和她母亲都认为和CEO约会不是个好主意。但若干年后，梅琳达穿了一件T恤来到比尔·盖茨的办公室，T恤上面写着“娶我吧，比尔·盖茨”。

在比尔·盖茨母亲的眼里，梅琳达是个天使。梅琳达是个虔诚的天主教徒，她对慈善事业也非常热心。只有把儿子交给梅琳达，母亲才能放心地闭上眼睛。因为母亲知道，梅琳达会毫不犹豫地把丈夫引向慈善事业。

比尔·盖茨深知母亲的心愿，为了让母亲安心，本来打算单身一辈子的比尔·盖茨踏入了婚姻的殿堂。这极大地安慰了玛丽，让她终于放下了牵挂的心。

1994年元旦，比尔·盖茨和梅琳达举行了婚礼。比尔·盖茨的母亲在去世前，留给儿媳一封信。

亲爱的梅琳达：

自从你嫁给比尔·盖茨后，我和你就有了同样的夫姓。威廉·盖茨和我结婚已经几十年了，我们仍在不断学习、了解婚姻到底是什么。在此，我将这些年来自己对婚姻的体会一一告诉你。

爱并且珍惜。请赞扬他的优点，但记住这不是全部。也许，你会发现一些地方你很想改变，可是你要知道，改造自己的丈夫是一项非常漫长的工程。有时候，改变自己的心理预期，也许会好一些。

无论环境好坏，别期望生活能平静如水。从来没有人能拥有完美无瑕、和谐融洽的婚姻生活。美好的婚姻需要双方一起努力，保留弹性的空间并且克制自我。但是，最重要的基石是坚定的信念——坚信你们的婚姻一定会天长地久。

无论贫穷富足，拥有的越多，责任也就越大。你是如何运用自己的资源，尽到了自己的责任？而在最后，你的生命历程将得到一份判词。因为回顾反思你的人生的，不是你一个人。

无论疾病还是健康，请无论何时何地都要陪在他身边，如同他不离不弃一直在你身边一样，反省“患难与共”这句誓言。事实上，经历过疾病的挑战，你们的关系会更深一层。

我根本无法设想，如果我没有嫁给盖茨，此生会过着怎样的生活。我祝愿从现在开始，42年以后的你，也会对你的比尔·盖茨有着同样美好的感觉。

爱你的玛丽

母亲在比尔·盖茨的婚礼后不久便离开了人世，在玛丽离开的那一刻，比尔·盖茨的心碎了。一直伴随他生命的那种厚实的温暖、强大的依赖、贴心的呵护，以及那唠唠叨叨的关爱都成了记忆。

在比尔·盖茨的日记中，他这样评价自己的母亲：“母亲是一位伟大的女性，我深深地以母亲为荣。”

比尔·盖茨说过影响他一生的人，不是爱因斯坦，也不是罗斯福，而是他的母亲——玛丽。是母亲给了他智慧，教会了他要博爱、仁慈、有责任心、有同情心，做一个顶天立地的人。在比尔·盖茨的眼中，母亲是最伟大、最神圣的，他深爱着自己的母亲，这份爱远胜于他对事业的爱。他渐渐懂得了母亲留给他的“志存高远”，他意识到了，母亲所说的“志存高远”就是责任。

“财富意味着责任，更大的财富意味着更大的责任。”

1998年，比尔·盖茨建立了资金总额达9400万美元的基金会，自任首席执行官，梅琳达任总裁，比尔·盖茨的父亲担任共同主席之一。当时，比尔·盖茨众多官司缠身，身心备受煎熬，可当他读到《纽约时报》上的一篇文章，他知道自己必须开始行动起来。这篇文章描写了世界上不同国家在收入、健康保健和平均寿命等方面的巨大差异：

全球90%的疾病发生在贫困国家，但这些国家的人民只有10%的保健资源。发达国家的人均寿命已经接近或超过80岁，却有27个国家的人均寿命低于50岁。有2.8亿人喝不到纯净的水，20亿人甚至得不到像青霉素这样最普通的药物……

比尔·盖茨开始投身慈善事业，求援信越来越多，比尔·盖茨的父亲一天到晚忙得团团转，应接不暇。他对儿子说，应该建立基金会，有组织、有计划地开展慈善工作。

由此他们创立了世界上最大的慈善组织“比尔及梅琳达·盖茨基金会”，这是一个民间的慈善组织，却拥有富可敌国的财力，其慈善方式也在很大程度上改写了世界慈善的历史。

教出来的乔布斯

自从乔布斯知道自己被亲生父母抛弃的事实后，他成了一个爱哭的孩子。一想到自己的身世，想到自己的亲生父母忍心抛弃他，想着想着，就会泪流满面。但是，养父母的爱让他知道，他是这样的独特，这样的唯一，这样的不可取代。

你是我们特意“挑选”的

1955年2月24日，史蒂夫·乔布斯的第一声啼哭，并没有给父母带来喜悦，反而带来了苦恼。

乔布斯的生母乔安妮·席贝尔，在威斯康星大学读研究生时，爱上了来自叙利亚的穆斯林助教阿卜杜勒法塔赫·钱德里，他在政治学系攻读硕士。钱德里来自一个富裕的叙利亚家庭，他父亲拥有多家炼油厂和其他多重产业，在大马士革和霍姆斯也有大量财产，还一度控制了那一地区的小麦价格。钱德里家族十分重视教育，几代以来，家庭成员大多被送到伊斯坦布尔或者巴黎索邦大学就读。尽管他是穆斯林，却被送到一所基督教会的寄宿学校念书。他在位于贝鲁特的美国大学拿到了学士学位，然后来到了威斯康星大学，在政治学系攻读硕士并担任助教。

1954年的夏天，乔安妮和钱德里一起去了叙利亚。他们在霍姆斯住了两个月，回到威斯康星后，乔安妮发现自己怀孕了。那年他们都是23岁，俩人决定不结婚。

乔安妮的父亲亚瑟·席贝尔反对女儿和钱德里继续交

往，因为钱德里不是天主教徒。父亲威胁她说，如果她跟钱德里结婚，就跟她断绝父女关系。而在他们居住的那个天主教社区，堕胎是不合法的。乔安妮只好答应父亲，生下孩子后，就把孩子送人。

1955年初，乔安妮来到旧金山，被一名好心的医生收留，这位医生为未婚的准母亲们提供庇护，帮她们接生，然后安排她们的孩子被秘密收养。乔安妮立下了一条规定：领养她孩子的人必须有大学学历。所以医生将这个孩子安排给了一位律师。没想到孩子落地时，律师夫妇却变卦了，因为他们希望领养女孩。

结果，在领养登记册上排队等待的乔布斯夫妇，半夜三更接到一个电话："我们这儿有一个没人要的男孩，你们要吗？"

"当然要。"保罗·乔布斯回答。

保罗·乔布斯，在威斯康星州日耳曼敦的一家奶牛场长大。高中退学后，他穿梭于中西部地区，做着机械师的工作，19岁加入海岸警卫队。他被安排在美国海军的"梅格斯"号运兵船上，为巴顿将军向意大利运输部队。作为一名机械师和锅炉工，保罗赢得了不少奖章，但军衔从来没有高过一等兵。第二次世界大战后，海岸警卫队到达旧金山，他们的舰船在这里退役了。保罗打赌说他要在两周之内给自己找到一位妻子。他的长相酷似电影明星詹姆斯·迪恩，他很快约到了克拉拉·哈戈皮安，一个出生在亚美尼亚移民家庭的美丽女孩。克拉拉出生在新泽西州，在她童年时，全家搬到了旧金山的米申区。她曾经结过婚，丈夫在战争中阵亡了。

10天后，保罗与克拉拉订婚了。这是一个幸福的婚姻，两人厮守了40多年，直至死亡将他们分开。

婚后，他们渴望安定下来，生儿育女，过上平静的生活。他们没有多少钱，所以搬到了威斯康星州与保罗的父母一起居住。后来，保罗在印第安纳州找到了一份工作，在国际收割机公司担任机械师，他们便搬到了印第安纳州。然而，克拉拉并不喜欢印第安纳州，她更喜欢旧金山。1952年，克拉拉终于说服了丈夫，全家搬回了旧金山。保罗在一家信贷公司找到了一份"回收人"的工作——撬开不能偿还贷款的车主的车锁，将车拖回，重新处置。他喜欢修理汽车，有时候他也会买下旧车，修好后出售，赚一点小钱，凭借着这手艺，他们过着小康生活。他们在日落区买下了一套公寓，地处金门公园南端，面朝太平洋。

他们的生活中，始终缺少一个孩子。他们想要孩子，但克拉拉经历过一次宫外孕后丧失了生育能力。1955年，结婚九年后，他们开始想要领养一个孩子。他们在领养登记册上排队等待，但等了半年，都没有消息。直到一天深夜突然接到了医生的电话，夫妻俩喜出望外，孩子终于来了。

天还没亮，乔布斯夫妇就来到医院看刚刚降生的婴儿。保罗和妻子，隔着玻璃窗看见护士抱起他们即将认养的儿子，激动得满眼泪水。他们来到病房，拜访孩子的生母。乔安妮问保罗·乔布斯在哪所大学毕业。保罗是不会撒谎的人，便说了自己的经历。一听这对夫妇连高中都没有念完，乔安妮请他们立即离开，她拒绝在领养文件上签字。

保罗对乔安妮发誓说："我有稳定的收入，我会为孩子存下大学基金，并保证一定会供他上大学。"

保罗和克拉拉苦苦哀求了几个小时，但乔安妮坚决不答应。

僵局持续了数周，最终，乔安妮放宽了要求：乔布斯夫妇必须在一份保证书上签字，设立专款，送孩子上大学。保罗和克拉拉在律师起草的法律文件上签上了名字。文件上第一款，注明"一定要送孩子上大学"。保罗和克拉拉给孩子取名为史蒂夫·保罗·乔布斯。

六七岁的时候，乔布斯坐在自家屋前的草地上，一个女孩坐在他身边，对他说："听说，你是领养的。"

乔布斯当时就像被闪电击中了一样，他愤怒道："你胡说!"

女孩说："不信你去问你父亲。"

乔布斯说："你在造谣。"

女孩说："别人都这么说啊。是不是你的亲生父母不要你了？他们为什么遗弃你呢？"

乔布斯跑回家，在父母面前号啕大哭，大声哭喊："我是不是被遗弃的？"

父亲很严肃，认真地看着他的眼睛。放慢语速向他重复说着："不，孩子，你是我们特意'挑选'的。"

父亲刻意强调了这句话中的每一个字。

"为什么挑选我呢？"

"因为你是天使。"

这句话让乔布斯感到了温暖。他相信自己不是被抛弃的，反而因为特殊，才被现在的父母选中。

自从乔布斯知道自己被亲生父母抛弃的事实后，他成了一个爱哭的孩子。一想到自己的身世，想到自己的亲生父母忍心抛弃他，想着想着，就会泪流满面。但是，养父母的爱让他知道，他是这样的独特，这样的唯一，这样的不可取代。

换一种思路想想

自从乔布斯知道自己是被领养的，他总是喜欢跟父亲黏在一起。有一天他发现了一张父亲在海岸警卫队时的照片。乔布斯看着照片，父亲在轮机舱里，穿着白色背心，看上去很像詹姆斯·迪恩。他拿着父亲的照片，差点叫起来："哇，天哪，父亲比电影明星还帅。"

父亲想让儿子拥有一技之长，把自己机械和汽车的手艺传给儿子。父亲在车库里的桌子上清理出一块地方，对乔布斯说："儿子，从现在开始，这就是你的工作台了。"父亲给家里搭栅栏的时候，也给了乔布斯一把锤子，这样他就可以跟父亲一起干活了。和父亲一起搭栅栏的时候，父亲说："活在世上，依赖别人是不行的，一切要靠我们自己。"

每天下班后，父亲便换上工作服窝在车库里，乔布斯也跟着他。父亲想让他掌握一点儿机械方面的技能，但他不愿意把手弄得脏兮兮的。乔布斯从没有真正喜欢过机械方面的东西，他对修理汽车没兴趣，只是特别喜欢跟父亲黏在一起。

他们当时住在惠普公司的一家工厂附近。父亲发现儿子喜欢玩一些电子器件，但又买不起，于是常到工厂的废品堆里淘一些可以利用的物件，乔布斯也很喜欢，总是陪着父亲一起去。

每个周末，父亲便带他到市废品中心废品堆里，寻找汽车零部件。父亲会捡回发电机、化油器及各种各样的零件，把它们修好后登报出售。人们打电话询问后，便来到他家的车库前交易。

乔布斯看着父亲和买家讨价还价。父亲比买家更清楚零件的合理价格。

他的大学学费就是这样一点点赚来的。父亲花50美元买下一辆已经开不动的车，再花几个星期修好，然后以250美元的价格卖出去。

父亲总是想为乔布斯多存一点钱，攒够他上大学的钱。他们家隔壁住着一个房地产经纪人，看起来不是很聪明，但似乎赚了不少钱。父亲说："我说不定也能干这一行。"

于是，父亲便去上夜校，啃下几大本厚厚的资料。半年后，终于通过了执照考试，进入了一家房地产公司。可他刚进地产公司，房地产市场便崩溃了。父亲失业了，一年多时间都没再找到新工作，家里经济拮据，不得不抵押房子贷款。

一天，二年级的乔布斯在教室里凝神看着窗外。

老师问："乔布斯，你总是看着窗外。关于这个世界，你有什么不明白的吗？"

乔布斯说："我不明白为什么父亲一夜之间就破产了。"

但是，父亲对失业并没有唉声叹气，他安慰儿子说："这是好事。换一种思路想想，要想卖出房子，就必须巴结别人，父亲不擅长那样，本性也不是那样的人。"

乔布斯很钦佩父亲。"换一种思路想想"，成了他"Think Different"的启蒙。

多年以后，乔布斯说："有些人认为，我因为被父母抛弃过，所以才非常努力地工作以求出人头地，这样我的亲生父母就会后悔当初的决定，还有其他一些类似的言论，这都太荒谬了。"

他坚称："知道自己是被领养的，也许让我感觉更加独立，但从未让我感觉自己被抛弃。我一直都觉得自己很特别，我的父母让我相信自己很特别。"

每当有人称保罗和克拉拉为乔布斯的"养父母"或暗示他们不是他的"亲生父母"时，乔布斯就会异常愤怒。

"他们百分之一千是我的父母。"他说。

成年后，乔布斯曾这样赞扬自己的父亲保罗·乔布斯。

我很幸运……我的父亲保罗是一个很了不起的人……他从来没有拿到过任何文凭，在第二次世界大战期间参加了海岸警卫队。在之后的日子里，他总能在烦恼时保持着军人的朴素本质。

他是一名出色的机械师，工作非常努力，他的双手会创造奇迹……他教会了我怎么使用铁锤和锯子，还教我怎样制造东西。这一切对我来说太棒了。他在我身上真的花了很多时间。

他的双手很有天赋，可以修好任何东西，可以把任何机械件拆开，然后再装好，让它们重新变得有用，这是我的第一印象。我开始被电子产品吸引，他也常常让我把东西拆开，再组装好，这可以说是我的制造业启蒙。他发现我开始对电子设备感兴趣后，总给我带回来一些东西，让我练习拆解和组装。

相反，乔布斯对亲生父母的态度却不那么友好，“他们就是我的精子库和卵子库，这话并不过分，因为事实正是如此，他们扮演的就是精子库和卵子库的角色，仅此而已”。

一辆脚踏车

尽管日子过得很拮据，但乔布斯的父亲尽可能为儿子提供童年所需的各种玩具，比如摇摆小木马、留声机和一些唱片。在乔布斯7岁的时候，整条街上，几乎每个孩子都骑着一辆脚踏车，乔布斯便缠着母亲，让母亲也为他买一辆。

母亲无奈地说："亲爱的，自从你父亲失业，我们家里除了一张吃饭的桌子，其他什么也没有了。一辆脚踏车，几乎是我们一个月的伙食费。等你父亲找到工作以后，一定给你买一辆。"

乔布斯知道，这辆脚踏车，看来得长大后才能骑上，便有点伤感，不由地流泪。

父亲在窗外听到了妻子的叹气，看到了儿子的泪水，便直奔市中心的废品中心，他蹲在废品中心，捡了一箱子被人遗弃的电子仪器。回到家后，在灯下修了几夜。修好以后，父亲在二手交易的广告单上，登上需要卖的电子仪器。终于，赚到了一辆脚踏车的钱。

父亲到店里挑选脚踏车时，知道乔布斯最喜欢的颜色是白色，便挑了一辆白色脚踏车。为了给乔布斯一个惊喜，父亲把脚踏车立在树下，让乔布斯一回到家就能看见。果然，乔布斯放学后回到家，一眼就看到了脚踏车，他兴奋地蹦了起来。

乔布斯不敢相信，自己能骑上脚踏车！顾不上感谢父亲，他就兴奋地骑着脚踏车，去河边找他的朋友们了。

那些飙车的伙伴，在河边骑车比赛车速。一个高年级同学约翰，看乔布斯的脚踏车是白色的，便笑话他说："只有女孩子才骑白色脚踏车，你一定是偷了女生的车。"乔布斯知道约翰有三个哥哥是纨绔子弟，大家都怕他，便想骑车离开，约翰拦住他说："让我试试你的车速。"

约翰几乎是夺过了乔布斯的车，然后二话不说就把这辆白色脚踏车推进河里，脚踏车被卷进湍急的流水里了。

约翰笑话他说："给你一个教训，别与众不同。"

乔布斯看见自行车被水流卷走了，哭得稀里哗啦。他回到家后，眼睛还是红肿的。父亲一看他单独回来，车子却不见了，便问他怎么了。乔布斯知道约翰家都是不讲道理的人，如果告诉了父亲，他就会到约翰家去理论，那样父亲就会吃亏。乔布斯便哭着说，他骑在河边，没有停稳，车子掉进河里了。

父亲带他回到河边，远远地看见河里有一个小白点。那时，已经是秋天，河水已经很冷了。父亲脱下夹克和长裤，跳进冰冷的河水里。那个时刻，乔布斯觉得父亲太厉害了，游泳的速度像一条鲸。父亲游向越来越远的白点，最终抓住了它。

父亲抓着车子往回游的时候，乔布斯赶忙跑回家，叫母亲抱来浴巾和毯子。父亲游上岸的时候，嘴唇已被冻成紫色，可父亲的眼里依然是火苗。父亲擦干身体，裹着毯子，自豪地对乔布斯说："我曾经抢救过49个落水士兵。"

经过这次事件，乔布斯便不再随便骑脚踏车到河边去了，他转而到郊外的树林和黄花地骑车。树林里，他遇到了同学彼得。彼得每天要走很长的路上学。乔布斯听彼得讲，他母亲的哮喘病犯了，父亲也失业了，家里没有任何经济来源。乔布斯知道自己家也穷得领救济了，可他看到彼得每天要走那么远的路，就说："我可以把脚踏车借给你，这样你就可以早些到家，照顾你的母亲了。"

彼得很感动，推辞了一番，最后还是接受了。乔布斯把车子借给了彼得，自己从树林走了十几里路才回到家。

回到家后，父亲看见车子又不见了，惊诧地问："又掉河里了？"

乔布斯把借车给彼得的原委给父亲讲了一遍，父亲欣慰地说："我儿子有颗善良的心，我太感动了。"

第二天上学，乔布斯并没有见到彼得，第三天他看见彼得时，车子却不见了。彼得说："我把车子停在速卖店外面，进了商店，车子却被偷走了。"

乔布斯几乎绝望了，那是他父亲在寒冷的水流里夺回来的。于是伤心地哭了起来。

彼得见乔布斯那般伤心，便说了实话："我母亲哮喘病犯了，没有药钱，我不得已把车子卖了，换成了药。"

乔布斯止住泪水，满脸牵挂地问："你母亲的哮喘止住了吗？"

彼得说："好些了，你不恨我吗？"

乔布斯说："只要你母亲身体好了，我就很欣慰了。"

彼得说："等我长大了，一定还给你。"

乔布斯说："回家向你母亲问好。"

乔布斯回到家，父亲问他，两天了都不见脚踏车，是不是把车丢了。乔布斯把彼得拿自行车换药的事告诉了父亲，父亲很感动，他认为爱心比金钱更重要。

父亲对乔布斯说："儿子，我在你身上看到了善良。我觉得，一个孩子最重要的品质就是善良。没有善良，光有些小聪明，又有什么用呢。"

乔布斯特别感谢父亲，不仅没有埋怨他，反而鼓励他。

当他长大成人后，每次在路上看到白色的脚踏车，就会想起父亲曾经说过的话。

一块怀表

小学二年级时，学校开了游泳课，乔布斯非常喜欢游泳。为了给他筹集上游泳课的费用，母亲晚上给朋友们照顾小孩，终于凑够了钱，让他加入了学校游泳俱乐部。

但是，乔布斯在俱乐部里被孤立了。同学们听说他母亲为人家看小孩，便称他是“佣人的儿子”，看不起他，还把湿毛巾扔到他头上。

乔布斯很想赢得游泳比赛。但他在游泳赛道上总是输，输得很惨。他经常躲在角落里哭泣。

这时，金发女生戴安娜坐到了他的身边，递过来一块手帕，让他擦拭泪水。

戴安娜说：“你可能游不过他们，但他们没有你聪明，每个人都有自己的优势，所以不必伤心。”

乔布斯依然流着泪。但这时，他的眼里满是感动。

戴安娜用手帕为他擦干泪水，说：“周末是我哥哥的婚礼，你愿意来当花童吗？”

乔布斯一直幻想着能当花童，可没有人邀请他，因为人家担心他买不起一身童装晚礼服。乔布斯知道，自从父亲失业，家里的额外开销几乎是零，别说礼服，就是一条牛仔裤也不会买。他的脸上露出难色。戴安娜说：“不要担心。我弟弟有两身晚礼服，你们个子一般高，你就穿他的吧。”

乔布斯不敢相信，这样美的差事竟降临到了他的头上。他擦去了泪水，露出从未有过的笑容。

戴安娜哥哥婚礼的当天，乔布斯一早就到了。见到戴安娜时，他简直不敢相信自己的眼睛，一身粉色长裙的戴安娜就像天使下凡。戴安娜已经为他准备好了晚礼服。乔布斯换上以后，走出房间，戴安娜为他鼓掌：“乔布斯，你太美了。”除了自己的母亲，乔布斯还是第一次听一名女性这样赞美他，他在镜子前，也禁不住欣赏起自己。

婚礼开始了，六名花童走上红地毯，乔布斯跟在戴安娜的后面一路撒着鲜花。乔布斯走在红地毯上，看着戴安娜的背影，他仿佛看见一位天使，一位真真切切的天使。他想，我必须给天使一个礼物。

婚礼结束后，他问戴安娜：“你喜欢什么礼物？”

戴安娜说：“你的笑容。”

乔布斯说：“除了笑容，还喜欢什么？”

戴安娜说：“你只要不哭，就是最好的礼物。”

乔布斯说：“真的，告诉我，你喜欢什么。”

戴安娜说：“喜欢你开心。”

乔布斯说：“我只要看见你，就开心。”

戴安娜说："我也是！"

戴安娜说完，便羞涩地跑了。

乔布斯一路上都在想着应该送给戴安娜什么样的礼物。他不知道女孩子到底喜欢什么。回到家，趁家里没人，他进了母亲的房间，打开母亲的嫁妆盒。全家值钱的东西，都在这个盒子里。乔布斯看上了一块怀表，这块怀表，让他想起英国绅士的老怀表。怀表上还有一张照片，他想，如果放上戴安娜的照片该多美呀。乔布斯把这块怀表用手帕包好，便直奔戴安娜的家。

这是乔布斯第一次和戴安娜在河边的小树林里散步。戴安娜心绪不宁地说，父亲在南加州找到一份工作，全家马上要搬迁到那里。乔布斯一听，脑子几乎要炸了。他从兜里掏出手帕并打开。戴安娜不敢相信这么美的怀表是送给自己的。

戴安娜说："这是你父亲的怀表吧，你问他了吗？"

乔布斯笑笑说："你有照片吗？"

戴安娜说："有呀。"

乔布斯说："给我看看。"

戴安娜打开小皮夹，里面有一张她的头像。乔布斯把这张头像放在怀表的银框里，然后，郑重地把怀表戴到她的脖子上。戴安娜的手捂住胸口的怀表，说："我一辈子都会戴着它。"

乔布斯回到家，离家不远时就看见两个警察站在门口和父亲交谈。警察在做笔录，父亲对警察说："我家里什么也没有了，值钱的东西只有这块怀表了。这块怀表是我妻子的祖母离开英国时，她的母亲留给她的唯一传家宝，已经传了100年，我是想传给我孙子的，怎么就被小偷盯上了呢？”

警察说：“这条街很少有失窃的事发生，因为大家都知道，谁家也没有什么稀罕的东西。你家最近有亲戚来访过吗？”

父亲点点头说：“我弟弟一家刚刚来过。”

警察说：“这就对了，想想还有谁来过。”

母亲说：“我哥哥一家也来过。”

警察说：“如果你们还有其他线索，请通知我们。”

警察离开后，父亲和母亲一直在嘀咕，自己的兄弟怎么会盯上这块怀表呢？这块怀表已经是古董了，估计是古董店开出了好价钱。但是，前后又想了想，他们根本没有进卧室呀，唯一进过卧室只有乔布斯，并且乔布斯知道，箱子里放的是母亲的嫁妆。

父亲问乔布斯：“下午你在家吗？”

乔布斯撒谎说：“不在。”

父亲知道乔布斯回过家——他的书包放在家里了。父亲注意到乔布斯脸上的细微表情，猜到怀表的丢失和乔布斯有关联。

以前遇到这种需要说真话的时候，乔布斯向来是主动承认的，从未撒过谎。父亲想，应该怎样处理孩子说谎这件事呢。当然，最容易的就是直接戳穿这件事，并且处罚乔布斯，但是他没有这样做。他认为，教导孩子诚实，有勇气承认错误，才是最重要的。父亲并没有追问下去，他始终不提这件事，而是给儿子讲各种各样的诚实守信的美德故事，使儿子产生羞愧感。

他给乔布斯讲了一个有关诚实的故事。

从前，有一个国王没有孩子，就想找一位诚实的孩子做王子。

他对前来应招的孩子们说："今天给你们一粒种子，谁能在三个月后种出最美丽的花，谁就是王子了。"

三个月过去了，孩子们捧着一盆盆五彩的花儿前来参加最后的竞争。只有一位小孩盆中空空、泪眼涟涟，他说："尊敬的国王，我每天辛勤地浇水，细心地施肥，即使睡觉也把花盆搂在怀里，但是，我却什么也没种出来……"

国王听了哈哈大笑："诚实的王子呀，你不会种出任何的花草，因为我给你们的，都是炒熟的种子呀！"

诚实，是需要勇气的。父亲感觉到，乔布斯不如以前活泼了，好像有了心事。一天，临睡前，父亲又像平常一样一边抚摸着乔布斯的头，一边给他讲故事。忽然，乔布斯哭了起来，对父亲说："是我拿走了怀表，不是叔叔舅舅。"

父亲听到儿子的坦白，知道他有了惭愧之心，特别欣慰，说："那是你的曾祖母离开英国时留下的唯一家当。你母亲很伤心，如果你能给母亲写封信，向她承认错误，她一定会原谅你的。因为一个孩子最重要的美德是诚实。"

乔布斯问父亲："母亲真的会原谅我吗？"

父亲说："诚实胜过100块怀表。"

乔布斯立刻下床，在父亲的帮助下，给母亲写信并勇敢地承认了过错。

母亲读到乔布斯的信，泪水夺眶而出，她抱住儿子说："妈妈当然会原谅你，因为诚实是需要勇气的。看到你的诚实，我觉得你长大了。"

乔布斯擦去母亲眼角的泪水，对母亲说："做诚实的人真好，不必受良心的谴责。"

戴安娜转学后，乔布斯再也没有见过她。每当乔布斯想起戴安娜，就莫名地感动。她是他人生中的天使，而她却年纪轻轻就死于车祸。

戴安娜遇难前，曾给乔布斯寄过一封信。信上写道："你的怀表，一直珍藏在我的枕头下面。因为，对于我而言，它是唯一的时间。"

乔布斯一直珍藏着这封信。

海滩上捡鱼

乔布斯小时候，每次暴风雨后，成千上万条鱼会被卷到海滩上，父亲就带他到海边捡鱼。每捡到一条，就送回大海，不厌其烦。

乔布斯看着成千上万条鱼，说："我们一天也捡不了几条。"

父亲一边捡一边说："至少，我们捡到的鱼能获得新生。"

捡了很久，乔布斯有些累了。父亲便和他坐在沙滩上，打开野餐箱，一边吃着三明治，一边给他讲第二次世界大战的故事。父亲说他曾在意大利丛林里打猎，射中了一只豹后，看着这只豹子竟拖着流出肠子的身躯爬了半个小时，爬到两只幼豹面前，喂它们吃了最后一口奶后才死去。从此，他再也没有射杀过一只动物，并成了动物保护者。

一位名人说过："对众人而言，唯一的权力是法律；对个人而言，唯一的权力是善良。"

从海滩步行回家，是一条漫长的路。一路上，父亲都在给乔布斯讲故事。

父亲当兵以前，曾在家乡一个大农场里打工。农场主克里斯是个刻薄而吝啬的人，对别人的工作总爱吹毛求疵。一次，父亲负责的工作出了一些纰漏，克里斯以此为借口扣发了父亲的全部工资。父亲气不过，就将克里斯告上法庭，克里斯却找了农场的工人作伪证，父亲不仅没有讨到薪水，反而被克里斯倒打一耙，赔了不少诉讼费。从此，农场主克里斯和父亲结下了怨。

父亲来到旧金山后，在一家信贷公司找到了一份“回收人”的工作——撬开不能偿还贷款的车主的车锁，将车拖回，重新处置。恰好有一天，父亲遇上了克里斯。由于经济危机的缘故，克里斯面临破产，他的汽车将被拖走。父亲听完克里斯的哭诉，不仅没有拖走他的车，还把已经不能发动的汽车完全修好，这样克里斯至少可以依靠车子缓解破产的压力。

乔布斯听了，似懂非懂，问道：“您难道忘记了他当初是怎么对待你的吗？”

父亲慢悠悠地说：“假如一个人真的善良，那么善良就是他的天性，不会因为他人而改变。面对恶人，自己也变得凶恶，这样的人算得上真正善良的人吗？我们每个人都不应该因恶人的恶而改变自己善良的本性！”

父亲希望乔布斯成为一个善良的孩子，对这个世界心存善意。在乔布斯眼里，父亲慈祥、善良，对待伤害过自己的人也能以诚相待，愿意伸出温暖的手，是非常了不起的。

父亲让乔布斯牢牢记住，播种善良才能收获善良。

一只篮子

在父亲失业的日子里，家里几乎陷入贫困的深渊。感恩节的前几天，乔布斯放学回到家，发现家里几乎都空了。小屋里仅有的电视机、沙发、床以及几箱汽车零部件都不见了。起初，乔布斯还以为父亲卖掉了这些家具换成菜金，没想到是家里失窃了。

乔布斯难以想象，家里已经穷成这样了，还有贼惦记着。

父亲安慰坐在地上的妻子说："尽管我们的房子彻底空了，但我们并非一无所有。第一，贼偷去的是东西，而不是我们的性命。第二，我们不是很快就要搬家了吗？这样就不用雇搬家公司了。第三，最值得庆幸的是，做贼的是他，不是我。"

虽家徒四壁，父亲却依然保持着一如既往的幽默和感恩。感恩节前夜，冰箱是空的。他们打算感恩节后再买火鸡，那时的火鸡价钱会打半折。突然，响起了重重的敲门声。乔布斯前去开门，看到面前站着一位高大的男人。他满面笑容，手里提着一只大篮子，里面有一只火鸡和一些感恩节的食物。乔布斯的父母都愣住了。

那人说："这份东西是你们一个朋友托我送来的，他希望让你们知道还是有人在关怀和爱着你们。"

乔布斯的父母推辞道谢，可那人把篮子放在乔布斯的臂弯里就转身离开了，临走时留下了一句温暖的话："感恩节快乐。"

父亲在感恩节晚餐上，夹了一块火鸡腿放进乔布斯的盘子里，感慨道："感恩，是一种修养，也是一种习惯。"

乔布斯在心里暗暗发誓，日后也要以同样的方式去帮助其他需要帮助的人。

很多年后的一次感恩节，乔布斯把自己装扮成一个送货员，把买来的火鸡和食物送给街上一个最困难的家庭。

乔布斯对她说："我是受人之托来送货的，请你收下这些东西吧。"

孩子们欢呼起来，妇女语无伦次地说："你是天使。"

乔布斯说："不，是一个朋友托我送的，感恩节快乐！"

离去时，乔布斯把一张纸条递给了这位妇女，纸条上写着："我是你们的一位朋友。愿你们能过个快乐的节日，也希望你们知道有人在默默地爱着你们。等你们有了能力，也希望你们把这样的礼物送给其他需要帮助的人。"

爱心是不需要回报的，但爱心是可以传递的。如果说每一件善事都是一颗珍珠的话，那么我们每一个人都可以是一条金线，用爱心把珍珠串起来，它就是一条无价的项链。

学会宽容

小时候，乔布斯睡觉前，常常会听父亲讲自己在第二次世界大战时经历过的故事，那时他们的船舰为巴顿将军向意大利运输部队和战机。于是，父亲便讲起那些飞行员的故事。

乔布斯从小就感觉自己好像在第二次世界大战时期当过飞行员一样，这种感觉非常强烈。他非常喜欢飞机。但是飞机这样的玩具，家里是买不起的。

一次，父亲带他经过一条街，他看见商店的橱窗里有一架玩具飞机，便趴在橱窗上，眼巴巴地看着。他不敢向父亲要这个玩具。他知道，像他这样的穷孩子只能隔着窗子看看。回到家后，父亲便把他带到车库，他发现工具桌上堆着一桌子废铁。

父亲戴上安全镜，举起焊枪，开始焊接两片铁。一片接着一片，最终竟然焊成了一架飞机，比商店橱窗里的飞机还大。父亲在飞机底部安上轱辘，让乔布斯可以坐在飞机里，像坐在汽车里一样向前滑动。他简直不敢相信自己的眼睛，觉得父亲“太酷了”，让他拥有了最强大的“飞机”。

那时，这架“飞机”几乎像他的性命一样要紧。他每天睁开眼睛，就要坐进飞机里，像电影里的飞行员一样戴上飞行帽，给自己一串口令。不久后，乔治叔叔带着家人来乔布斯家过感恩节。乔治的儿子麦克也喜欢这架飞机，他向乔布斯提出想要这架飞机。

“让你父亲再给你做一架。”

乔布斯说：“不可以。我不能给你。”

没想到，第二天早上醒来，乔布斯发现飞机已经成了碎片。乔布斯猜想一定是麦克用锤子砸的，但乔治一家已经走了。

乔布斯看到自己的飞机又成了一堆废铁，不由地哭了起来。父亲回到家，看他坐在地上，哭得眼睛都肿了，就又戴上安全镜，拿起焊枪，把那些被砸碎的铁片又焊在了一起，飞机又还原了。乔布斯又可以坐在飞机里，飞向他的梦了。

不久，乔治一家又来拜访，乔布斯看见麦克，根本不理睬他。乔布斯从心里讨厌麦克，他认为，麦克是不可被原谅的。乔治看到两个孩子变成了冤家对头，便把两个孩子叫到了一起，坐在草坪上，给他们讲起他和乔布斯的父亲的一段往事。

第二次世界大战期间，他们都在海岸警卫队。他们的船舰负责运送士兵，也负责打捞海上跳伞的飞行员。有一次，他们的快艇在海上打捞一个跳伞的飞行员时，遇上了敌机轰炸。快艇被炸沉了，他们和总部失去了联系，游到了一个小岛上，岛上一片荒芜。他们缺乏食物，只能靠石头打猎为生。他们打死了一只鹿，依靠鹿肉度日。这之后，他们再也没看到过任何动物。他们把仅剩下的一点鹿肉，背在身上。

他们原以为在岛上是安全的。谁知突然一声枪响，走在前面的保罗中了一枪——幸亏伤在肩膀上！乔治紧张地跑了过来，他害怕得语无伦次，抱着保罗的身体泪流不止，并赶快把自己的衬衣撕下来为保罗包扎伤口。那晚，乔治一直念叨着母亲的名字，两眼直勾勾的。他们都以为自己熬不过这一关了，尽管饥饿难忍，可谁也没先动身边的鹿肉。

第二天，他们得救了。海岸警卫队找到了他们。

30年后，保罗对乔治说："我知道谁开的那一枪，是你。当时你抱住我的时候，我碰到了你发热的枪管。但我理解你，我知道你想独吞我身上的鹿肉，你想为了你的母亲而活下来。此后30年，我假装不知道此事，也从未提及。"

那一天，乔治跪下来，请求保罗原谅他。

乔布斯知道，自己的父亲是一个宽容的人，但不敢相信自己的父亲宽容他人到了这样的境界。

乔治对乔布斯说："我们都是不愿宽容别人的人。但你的父亲是一个有着耶稣般胸襟的人。他宽容了向自己开枪的人，世上还有什么不能被原谅呢？"

乔布斯被父亲的宽容深深地感动，把手伸给麦克："好吧，我们依然是朋友，对吗？"

麦克把手伸给他："对不起，我伤害了你。"

乔布斯说："对不起，我也伤害了你。"

两个人言归于好。后来他们的友谊持续了几十年。麦克一生跟随着乔布斯，在苹果公司担任下属部门的总管。他们再也没有起过争执，因为两人都懂得了宽容。

威廉叔叔

父亲用50美元买了一辆开不动的福特猎鹰，花了几个星期修好后，在报纸的广告专栏上，标价250美元出售。恰好战友威廉来探望他，看见车库里这辆几乎全新的车，在街上试开了一圈，出价1500美元想买下来。

乔布斯看见父亲摇摇头说："我在广告上出价250美元，怎么能高价出售给朋友呢。"

威廉退役后，开了保险公司，收藏了很多车，多付1000多美元对他来说根本不是问题。但保罗认为，这不是钱的事，而是做人的问题。他不能因为朋友发了财，就抛弃诚信。

威廉给乔布斯讲了一段他们在第二次世界大战时的经历。保罗非常不善于长跑，在一次部队的越野赛中远落人后，一个人孤零零地跑着。转过了几道弯，遇到了一个岔路口，一条路标明是军官跑的；另一条路标明是士兵跑的。保罗停顿了一下，虽然对做军官连越野赛都有便宜可占感到不满，但是仍然朝着留给士兵跑的小径跑去。没想到半个小时后到达终点时他却名列第一。

保罗感到不可思议，他自己从来没有取得过名次不说，连前50名也没有跑进去过。但是，主持赛跑的中尉笑着恭喜他取得了比赛的胜利。过了几个小时，大批人马都到了，威廉也到了，跑得筋疲力尽，看见保罗赢得了胜利，才猛然醒悟，诚实守信是多么重要。

晚餐后，乔布斯缠着威廉叔叔，再讲一个第二次世界大战时的故事，威廉便又给他讲了一个海岸警卫队的故事。他们的巡逻艇在烟波浩渺的大西洋上行驶，威廉在船尾不慎掉进了波涛滚滚的大西洋。威廉虽然水性好，无奈风大浪急，船上的人谁也没有听见他的呼救声，他眼睁睁地看着巡逻艇越来越远……

求生的本能使威廉在冷冰的水里拼命地游，他用尽全身的力气挥动着瘦小的双臂，努力使头伸出水面，睁大眼睛盯着巡逻艇远去的方向。船越来越远，船身越来越小，到后来什么都看不见了，只剩下一望无际的海面。

威廉的力气也快用完了，实在游不动了，他觉得自己要沉下去了。放弃吧，他对自己说。这时，他想起了保罗友善的眼神。不，保罗知道他掉进海里后，一定会来救他的！想到这里，威廉鼓足力气又朝前游去。

保罗终于发现威廉失踪了，当他断定威廉是掉进海里后，向船长申请返航找人。

终于，就在威廉要沉下去的最后一刻，保罗赶到了，他跳下水救起了威廉。

威廉苏醒过来后，感谢保罗的救命之恩，保罗问："威廉，你怎么能坚持这么长时间?"

威廉回答："我知道你会来救我的，一定会的!"

"你怎么知道我一定会来救你?"

"因为我知道你是那样的人!"

一个人能被他人相信也是一种幸福。

保罗只收了250美元，让威廉把车开走了。看着渐渐远去的车开出了视线之外，他对乔布斯说："相信与被人相信，才是做人之本啊。"

成年后，乔布斯这样赞扬自己的父亲："我很幸运，我的父亲保罗是一个了不起的人。他从来没有拿到过任何文凭，在第二次世界大战期间参加了海岸警卫队。在之后的日子里，他总能保持军人的朴素本质。"

几箱变速器

乔布斯的父亲几乎每个周末都会到汽车废品站，那里有一些被扔掉的废旧汽车和汽车零部件。他在废品站里回收汽车零部件、发电机、化油器等各种材料，回来加工修复，然后登报出售。

一天，他在堆积如山的废品里，发现几个箱子，里面都是残缺的汽车变速器，每个变速器都有包装盒。他把几个箱子搬回家后，连着几夜把所有残缺的变速器都修好了。修好以后，便登报出售这批变速器。

一家汽车零件公司派销售员来买货。销售员一看每个变速器都有盒子，完全和新的一样，便对他说："现在的变速器是二手价格，一台只值15美元。如果你注明是新的，我就给你60美元一台，多四倍的价钱。"

保罗说："虽然它们看着像新的，但毕竟不是新的。我不能赚这个钱。"

销售员说："你可以在发票上写它们是新的，这样每台我多给你一些现金，但金额不必写在发票上。"

保罗摇摇头说："我不能这样做。"

销售员叹着气说："世上没有像你这么傻的。"

保罗说："这是最基本的诚信，是我做人的原则。如果我占小便宜，我的儿子也会占小便宜。如果我不讲诚信，我的儿子也会不讲诚信。"

销售员给了保罗一张支票，他帮着销售员把几箱变速器抬到卡车上。保罗到银行取支票钱的时候才发现，支票上的金额是错的。销售员给他的是每台40美元，高于二手货的价钱。

保罗犹豫了一下。他想：我缺钱吗？非常缺钱。妻子都给人家看小孩了。我该收下这笔钱吗？他摇摇头，一个人怎么能因为一点钱而使自己一生都生活在愧疚中呢？

保罗带着乔布斯，来到这家汽车零件公司，见到销售员。销售员有些慌张，把保罗拉到公司外说："你千万不能告诉我的老板，不然我会被炒鱿鱼的。"

保罗问："为什么？"

销售员说："我给老板报的价格是60美元，我在中间偷拿了20美元的差价。"

"小伙子，我们不能这样用二手货欺瞒用户呀。"

销售员说："这样的事太多了，别人都没事，您怎么就这么固执呢？"

保罗说："我从不昧着良心。"

销售员说："我多给你25美元，是因为我敬佩你，以后还想在你那里多买货，但无论如何，你都不能告诉我的老板。”

保罗说：“如果你不让我告诉你的老板，那就按二手货的价格重新交易。每台我只收15美元，你也退回收取的差价。这样，我们都是诚实的人。”

销售员发愁地说：“可那笔钱，我已经给女友买礼物了。”

保罗说：“小伙子，那就从你的工资里扣吧。”

销售员说：“老板是个很抠门的人，欺诈我们。”

保罗说：“一个不好的老板，并不是自己不诚实的理由。”

销售员唉声叹气：“我怎么碰上你这样固执的人。”

保罗笑笑：“其实，做一个诚实的人并不难，只要你不欺瞒自己的良心。”

销售员叹了口气，说：“算了，就按你说的做吧，我不想把事闹大。”

销售员给保罗重开一张支票，上面写着每台变速器15美元。

保罗也不知道销售员是否把私吞的美元还给了公司。他只知道，做一个诚实的人，内心会很坦然。

步行回家的路上，父亲给乔布斯讲了一个在海岸警卫队非常流行的故事。

从前，有两个好朋友，一个叫“聪明”，一个叫“诚信”。

一天，两人结伴乘船出游，不巧，在海上遇到大风暴，两人乘坐的船沉没了，救生艇上只有一个位置。

那个叫“聪明”的年轻人一看情况不妙，为了争夺救生艇上的位置，把“诚信”推进海里，自己逃生去了。

“诚信”大难不死，被海浪推到了一个小岛上，他惊魂未定，只好坐在沙滩上等待救援的船只。

不久，“诚信”听到远处传来了一阵欢快的音乐，他马上站起来，向着音乐的方向望去，发现有一艘小船向小岛驶来。他看见小船上有面小旗，上面写着“快乐”两个字，原来是“快乐”的小船。

“诚信”急忙喊道：“‘快乐’‘快乐’，我是‘诚信’，你能救我吗？”

“快乐”一听，笑着对“诚信”说：“不行，我要是有了诚信就不快乐了，你看这世界上有多少人因为说实话而不快乐。”

说罢，“快乐”便走了。

又过了一会，“地位”的小船来了。“诚信”忙喊道：“‘地位’‘地位’，我是‘诚信’，你能带我回家吗？”

“地位”一听，忙把小船划离了小岛，还回头冲着“诚信”说：“不行，你不能搭我的船。我的地位来之不易，要是有了诚信，我的地位就保不住了。”

“诚信”失望地看着“地位”离去，眼里充满着疑惑与不解，只好无助地继续在小岛上待下去。

没过多久，又来了一艘船。“诚信”一看是“竞争”的船，“诚信”又喊道：“‘竞争’‘竞争’，我是‘诚信’，你能不能让我搭你的船回家？”

“竞争”一看是“诚信”，忙说道：“你不要给我添麻烦了，如今世界竞争这么激烈，如果我还要诚信的话，我就竞争不过人家了。”说罢，扬长而去。

突然，海上开始电闪雷鸣，狂风卷起一阵滔天巨浪，正当“诚信”快要绝望的时候，突然听到一个亲切慈祥的声音喊道：“孩子，上船吧。”

“诚信”一看，原来是“时间老人”。

“诚信”问：“您为什么要救我呢？”

“时间老人”微笑着说：“只有时间才可以证明‘诚信’是多么重要啊！”

在回程的路上，“时间老人”指着因巨浪而翻船落水的“聪明”“快乐”“地位”“竞争”，意味深长地说：“没有了‘诚信’，‘聪明’害苦了自己，‘快乐’不会长久，‘地位’是虚假的，‘竞争’也是失败的。”

父亲说：“没有诚信，行得再远的船也会沉没，建得再高的楼也会坍塌。”

保罗通过言传身教让儿子懂得，诚信是做人的根基。守住根基，是做人的根本。

史蒂夫·乔布斯一生都没有忘记父亲讲的这个故事，他说：“我父亲是一个了不起的人。他的了不起，在于他一生坚守诚信，从来不曾失误。”

我不会昧着良心说话

乔布斯的父亲曾在一家二手车销售店做销售员。在经济大萧条时期，能找到这样一份像样的工作是非常不容易的。但这份工作没有底薪，卖出一辆车，提成3%。销售员们用尽浑身解数，只为卖出几辆车。

保罗每天最早来到车店，最晚离开，可三个星期过去了，他还没有卖出一辆车。业绩好的销售员都已经卖出十辆了。所有的销售员都站在店门口朝路过的人吆喝。保罗想：这个星期我再卖不出一辆车，这个月的房租又没有着落了。保罗走到路口，强打起精神挥舞着卖二手车的牌子。

一对亚洲夫妇向他打听二手车的价钱，这是保罗第一次招揽到客户。他兴奋地回答着他们的问题，带他们来车店看车。

保罗为这对夫妇展示了十几辆二手车，夫妻俩却看中了一辆看似新车的雪佛兰。保罗心里一沉，这是一辆差点被车祸毁掉的车，店主从废车中心拉回来，把车的外观修整到看不出破绽，车外涂上红色新漆，汽车内部也修理了一番。但是保罗知道，任何人买这辆车开不到两个星期，发动机、变速器、刹车器等重要零件都将出现严重的问题。也就是说，他们将要买到的是一辆“死车”。

保罗犹豫了。夫妇俩却兴奋地拥抱，为低价买到一辆“新车”而欢呼，他们的神色好像中了乐透奖。保罗也想得到这笔佣金，不但可以缴上这个月的房租，还可以支付乔布斯游泳课的费用。但他又想：我不能为了这笔佣金，而失去诚信。

保罗坦诚地把这辆车的实情和夫妇俩说明了，夫妇俩最终扫兴地离开了。

保罗望着他们的背影，心想：“我和任何一个年轻人一样，都曾站在过悬崖的边缘，还好，我收回了脚。”

车店老板准备选一名员工做分店副经理，这份工作被十几个销售员疯狂争抢，因为这份工作可以拿到固定的薪水。

平时和睦相处的销售员们，为了得到这个职位，到车店老板那里互相抹黑对方。凡是被车店老板看中的人，都被接连举报。车店老板发现，唯一没有来举报的人就是保罗。这使老板有些好奇，难道他对这场竞争不动心吗？

老板请保罗来到办公室。

老板说：“听说你家里快揭不开锅了，你又卖不出一辆车，忙了几个月也挣不到一分钱。难道你对有固定薪水的职务没有兴趣吗？”

保罗点点头：“有心无力。”

老板说："为什么无力？"

保罗说："我不会因为一个职位，昧着良心抹黑同事。我知道这个职位很重要，可我不能因为这个职位，失去我的良心。"

老板说："所有人都在争这个职位，只有你不争。有人举报你是以退为进，是阴谋。"

保罗说："每个人的家里都很困难。为了让家里的日子好过一些，不得不中伤别人，我理解他们。"

老板说："你也可以回击呀。"

保罗说："我不会昧着良心说话。"

这位老板已经60岁了，见多了昧良心的人，不由地感慨："别去在意他们，你跟他们是不同的！"

老板向保罗回忆起自己的一生。他曾经在雪佛兰总部工作。那里人际关系复杂，同事们就像爬梯子，都想把对方踹下去，让自己成为人上人。

老板说："我年纪越大，就越觉得那些心理阴暗、一肚子坏心眼、满脑子阴谋论的人是愚蠢的。越是聪明的人，越倾向于选择公平、正义的处世方式，也更容易培养坦诚、善良的品质。"

保罗忙向老板借了笔和纸，把老板的这段话一字不改地记了下来。

老板说："第一次有人记录我说的话。"

保罗说："我想把这些话分享给我儿子。"

老板哈哈大笑："好，告诉你儿子，人的精力是有限的，全用到心计上，内耗特别大，很蠢！"

老板吐出一口烟雾，又缓缓地说："蠢人才要心眼，聪明人只需宽厚。"

回到家，保罗给儿子讲起老板的话。这些话，对乔布斯也产生了很大的影响。

在"苹果"担任CEO后，乔布斯拟定了一条规则："凡有无端捏造证据举报他人的，被发现一次记过。若有第二次，则直接开除。"

乔布斯认为，做人最高的境界是宽厚。在竞争激烈的苹果公司，乔布斯杜绝员工们的内斗。

打棒球

乔布斯小时候从来没有被邀请一起打棒球，他一直是被孤立的。突然有一天，亨利邀请他一起打棒球。虽然他不会打棒球，但一想到能融入到同学们中去，便欣然答应。

那天，学校球场关门后，七八个同学在林荫街道练习棒球。亨利耐心地教乔布斯发球，乔布斯上手很快，不到三个小时，他发出的球对手就接不到了。

第二天，到学校后，老师请那七八位练球的同学一起到校长办公室，办公室里坐着一对夫妇。

校长说："你们昨天打球，知道自己把人家的窗户都打碎了吗？"

几个同学忙说："不知道。"

谁也不承认是自己打碎的。校长无奈地说："既然你们都不承认，我只能请你们的家长来了。"

不久，家长们都赶来了。

保罗也来到校长办公室，其他同学的父亲都是硅谷的工程师，只有乔布斯的父亲是没有读过大学的人。

校长讲了大家练棒球引起的事故，没想到，家长们也像孩子一样立刻推卸责任，谁也不承认是自己的孩子打碎的窗户。

保罗摘下帽子，捏着帽檐说："可能是我儿子打碎的，我来赔偿损失吧！"

其他家长如释重负。

家长会结束后，父亲带着乔布斯到那对夫妻家向他们道歉，并用皮尺测量了被打碎的玻璃的尺寸。

去玻璃店的路上，乔布斯解释道："父亲，真的不是我打碎的。我投不了那么远。"

父亲说："儿子，也许玻璃真的不是你打碎的，但我想让你从小就能独立承担起责任。如果一个孩子从小就爱推卸责任，做错了也不道歉，那么长大后，还是会爱推卸责任，怨天尤人。如果我也像那些家长一样推卸责任，我怎么能指望我的儿子做一个敢于担当的人呢。"

父亲给夫妇家换上了新玻璃，连同另一块有一丝裂纹的玻璃也换了。

看着焕然一新的窗户，父亲对乔布斯说："儿子，父亲虽然文化程度不高，但曾经是巴顿将军手下的士兵。巴顿将军说过，每个国家都习惯性把责任推卸给另一个国家，而我们巴顿将军则把每个国家推卸的责任自己扛下来。"

那一刻，乔布斯感觉自己的父亲太伟大了。是的，父亲虽然文化程度不高，但是父亲的身上，流着高贵的血液。

30年后，苹果公司股票价格大幅下滑，当董事会把责任推给乔布斯时，他勇敢地承担了全部责任，选择退出董事会。

后来，他对记者说："这点担当的勇气，是我父亲教给我的。"

读 报

乔布斯的父亲从年轻时就喜欢每天一早看报。只要读到让他钦佩的事，他就会读给乔布斯听。

乔布斯七岁的时候，父亲给他读了一个非常感人的小故事，说的是两位获诺贝尔物理学奖的科学家。

1953年，物理学家路易斯·阿尔瓦雷茨参加全美物理年会。午餐时，坐在他旁边的是27岁的物理学博士后唐纳德·格拉塞，两人很快交谈起来。

年轻的格拉塞说，他受啤酒冒气泡的启发产生了一个想法，即去建造探测基本粒子的装置——气泡室。

他的一席话给了物理学家阿尔瓦雷茨非常大的启发。回去后，他和助手立即进行试验。但要把一个想法变成现实并不是那么容易，经过几年的艰苦努力，阿尔瓦雷茨终于做出了液氢气泡室，与格拉塞当年的最初设想有了相当大的变化：乙醚换成了液氢，体积也扩大了许多，功能更是增强了许多。

但阿尔瓦雷茨认为，自己的发现是在格拉塞的设想的基础上完成的，虽然真正造出气泡室的是自己，但此次的诺贝尔物理学奖应该是格拉塞的。在他的坚持下，1960年的诺贝尔物理学奖只颁给了格拉塞。

对于现代人来说，这件事真的不可理解，年轻的格拉塞不过是把自己的设想说出来，从设想到实现，过程还非常遥远，阿尔瓦雷茨花了好几年时间做试验，成功后却会把成就归于格拉塞，实在令人钦佩。

保罗对儿子说："这种品德，远远高过了世上的任何奖项。"

乔布斯患了癌症以后，常常想起小时候的事情。想起父亲为他读报，他说："我父亲没有上过大学，但我的大学教育恰恰来自我的父亲。他每时每刻都在告诉我做人的道理。他是一个纯粹的人，他也希望我能成为一个纯粹的人。我一生都常常问自己，我距离我的父亲还有多远。"

请家长

三年级开学不久，老师请乔布斯的父亲到学校来。

乔布斯父亲刚刚坐定，老师就向他细数乔布斯的“罪状”。“他设法让别的孩子说出自己自行车锁的密码，然后把他们的锁都换了密码，致使没人能骑走自己的车，谁也回不了家。他这样顽劣，校方考虑让他退学。”

乔布斯低着头，不敢抬眼看父亲，默默等待父亲的训斥。

父亲知道，乔布斯天生很有想法，总是做着与常人不同的事情。有一次，他把一根金属发夹塞到电源插座里，发夹发出难闻的气味，乔布斯当场昏厥，被送往医院抢救。

还有一次，他和小朋友搞了个小小化学实验室，“实验”过程中，他很好奇杀虫剂的味道。为了知道杀虫剂是什么味道，他居然喝了点到肚子里。他又一次被送到医院急救……

父亲知道，乔布斯从小缺乏安全感。他淘气，总是做着与常人不同的事情；他多动，对世界有着强烈的好奇心；他孤僻，与同龄人格格不入。他是一个孤单的、爱哭的男孩，因为体型瘦弱和孤僻的个性常被同龄人排斥。

“我想，”父亲淡然而恳切地对老师说，“这一定是个误会。因为我非常了解我的儿子，他是一个懂事的好孩子，有很强的好奇心。您看这样行不行，我来赔偿所有自行车的锁。”

老师说：“那好吧，回去一定要好好教育他。”

父亲掏出瘪瘪的钱包，开出了一张支票。

乔布斯惊呆了。这张支票，足够家人吃一个月。他看着父亲，父亲也望着他，眼神里有责备，但更多的是爱怜。

出了学校，父亲停下脚步，望着乔布斯那张满含羞愧与感动的脸，平静地说：“孩子，人这一辈子或多或少都会犯错误。听着，忘了它！不要让它在你的心里留下阴影。只要以后不再犯同样的错误，你依然是让父亲骄傲的好孩子。”

面对儿子乔布斯的错，父亲不是简单地责骂、训斥，而是以宽容的态度接受了孩子已犯下的错误。

乔布斯后来回忆说：“我至今都感谢我的父亲。因为他的宽容和爱，让我很快从那件事的阴影里走了出来，在我的人生道路上，时时以那件事为戒。我永远不会忘记父亲对我说过的那句话，我是一个让他骄傲的好孩子。”

你与众不同，发现你自己

不久，老师又请乔布斯的父亲到学校来。这是乔布斯一个月内第三次被请家长。父亲来到学校，老师开门见山："你儿子又惹祸了。"

上一次请家长，是因为他把蛇带到教室里吓唬人，还往老师办公室扔烟花。

老师拿出一沓小海报，上面写着"带宠物上学日"。

老师说："这个海报是乔布斯制作的，他贴在校园里，学生们信以为真，纷纷带着猫、狗上学来了，全校老师都气疯了。"

父亲说："对不起。"

老师说："他的恶作剧，越来越危险了。他在瑟曼夫人的椅子下面点燃了'炸药'，把她吓得都抽搐了。"

父亲说："对不起。"

老师说："如果任由他放肆自己的顽劣脾性，他只能成为街头混混。我们已经管不了这个孩子了，学校勒令他退学，请你把他带回家吧。"

父亲用平静但诚恳的态度对老师说："乔布斯是一个特殊的孩子，他不同于常人。我希望学校可以多看看他好的一面。"

老师说："对不起，除了调皮捣蛋，我们没有看出他有什么特殊的。"

父亲平静地说："这不是他的错。我的儿子不是普通的孩子，你们却把他安排在最差的班里，他当然觉得很无聊。你们没有激发他学习的兴趣，而是让他去背一些没用的东西。他反抗权威，可你们总是想制服他，你们差一点儿就把他身上所有的好奇心都赶走了。"

经过沟通，校方决定把乔布斯放到全校最优秀的班级里试试。

女教师伊莫金·希尔是乔布斯生命中遇到的第一位贵人。用乔布斯的话说，她成了"我生命中的圣人之一"。

她观察了乔布斯一个月，便对他了如指掌。她发现，他多动、捣蛋，爱做恶作剧。他孤僻、不合群，平时孤孤单单，难和别的同学相处。他还是个爱哭的孩子，参加过游泳队，比赛失败了，他会自己跑到角落里哭泣。另一方面，他对任何感兴趣的事情都会抱有极大的热情，同时他也总是会去做一些别人想不到和不敢做的事情。

对这样的孩子，必须换一种眼光看。伊莫金·希尔学习过特殊教育。特殊教育，就是为学生都没有意识到的优势推波助澜，把孩子身上那些看似不起眼的优点，发挥到极致。

希尔给了乔布斯一帖药——你与众不同，要发现你自己。

一天放学后，她给了他一本练习簿，上面都是数学题。

她说："我真希望你能把这些数学题都解出来。"

这时，她又拿出一根超大的棒棒糖，在当时的乔布斯看来地球也不过就这么大吧。

她说："如果你能完成这些题目，我会很高兴。你完成后，我会把棒棒糖给你，再给你五美元。"

她知道乔布斯家境不好，她想，以这种方式既可引导乔布斯完成学业，又不会让乔布斯有被施舍的感觉。不到两天，乔布斯就完成了全部题目，希尔把超大的棒棒糖递给他，并给了他五美元。

就这样，每个星期，他们都做着这种棒棒糖奖励游戏。几个月之后，乔布斯不想再要奖励了，他已经喜欢上了数学。

有时，希尔会帮他弄到一些小工具，让他做些打磨镜头、制作相机之类的事情。她欣赏乔布斯的特殊。

四年级快结束时，希尔给乔布斯做了测试，他的得分已经达到高中二年级水平。不光是他自己和他的父母，连老师们也发现了，他的智力水平真的很高，学校允许他连跳两级，直接升入七年级。不过，经过考虑再三，父母决定让他只跳一级。

是希尔老师激发了乔布斯身上的潜能。希尔老师对乔布斯的爱护，让他一生难忘。后来，乔布斯怀着感恩的心情说："如果不是这位老师，说不定我已经进监狱了。"

仿佛置身于天堂中

跳级后，乔布斯转到了克里滕登中学。对11岁的乔布斯来说，新学校就像另一个世界。这所学校在一个充斥着少数族裔帮派的社区。“几乎天天发生打架事件，厕所里也常常发生敲诈的事情。学生们经常把刀带到学校来展现自己的‘男子气概’”。

乔布斯刚到这里的时候，一群学生因为偷盗而被拘留，隔壁学校因为在一场摔跤比赛中打败了克里滕登的学生而致使校车被毁，学校经常需要警察出面维持秩序。

因为身边的同学都比自己大，乔布斯经常被欺负。在这样饱受欺辱的环境里，他非常不快乐，终日郁郁寡欢。在七年级上到一半的时候，他给父母下达了“最后通牒”。

乔布斯要求父母帮他转学，他再也不想回那个学校了。在经济上，对父母来说是个艰难的选择。

乔布斯很坚决：“如果要我回到克里滕登中学，我就再也不上学了。”最终父母接受了这一现实，他们倾尽所有，外加贷款，在一个更好的地区，花2.1万美元买下了一栋三间卧室的房子。

新家向南移了3英里，他们来到了旧金山郊外更偏南的山谷地区洛斯阿尔托斯。五年后，洛斯阿尔托斯有了一个别名——“硅谷”。

八九年后，苹果公司就诞生在这栋房子的车库里。

洛斯阿尔托斯为乔布斯的兴趣提供了一个绝好的环境。这个地方聚集着惠普和几大科技公司的电子工程师。邻居们都在研究很酷的东西，比如太阳能光伏电池和雷达。

这些邻居中最重要的一个人是拉里·朗，他与乔布斯家只隔了七户人家。

拉里有着惠普工程师的标准形象：超级无线电爱好者、铁杆电子迷，他会带很多新东西给乔布斯玩。他曾把一个碳精话筒、一块蓄电池和一个扬声器放在车道上，然后让乔布斯对着话筒说话，声音通过扬声器放大了出来。

乔布斯经常来拜访他的邻居拉里·朗。他迷上了希斯工具盒，是当时用来制作无线电或其他电子装备的设备，但需要自己组装的工具套装。

“希斯工具盒里面有各种各样、用不同颜色编号的插件板和零部件，还有解释其使用原理的操作手册。”

12岁的乔布斯意识到，自己能组装并搞懂任何东西。“我很幸运，因为当我还是个孩子的时候，我的父亲还有希斯工具盒让我相信自己能做出任何东西。”

拉里·朗让乔布斯加入惠普探索者俱乐部，他们每周二晚在公司餐厅会有一次聚会，有大概15个学生参加。惠普公司从实验室里请来一个工程师，给学生们讲他们正在研究的东西。每周二，乔布斯的父亲开车送他去参加聚会。他感觉惠普公司就是他的天堂。

惠普公司当时是发光二极管行业的先锋，所以他就和父亲讨论一些发光二极管的问题。有一天晚上，聚会结束之后，他拦住了惠普公司的一名激光工程师，获得了参观他们全息摄影实验室的机会。乔布斯就是在那个时刻看到了惠普公司正在开发的小型计算机。

我在那里第一次见到了台式计算机，它被称为9100A，这是一台被神化了的计算机，但也确实是第一台台式计算机。它身形巨大，大概有40磅重，但它真的很美，我爱上了它。

探索者俱乐部的孩子们被鼓励做一些项目。乔布斯决定做一台频率计数器，这是用来测量一个电子信号中每秒钟的脉冲数量的。

他需要一些惠普公司制造的零件，便大胆地做了一件异想天开却又合情合理的事情——打电话给惠普公司的CEO比尔·休利特。

那个时候，所有的电话号码都是登记在册的。他在电话簿上寻找住在帕洛奥图的比尔·休利特，然后将电话打到了他家。

比尔·休利特接了电话，态度非常友善，他和乔布斯聊了20分钟。虽然他完全不知道乔布斯是谁，但他听出了这个孩子天马行空、狂放不羁的个性，小小年纪却有着决策者的口气。

比尔·休利特给了乔布斯他要的那些零件，并给他提供了一份暑假工作，在组装频率计数器的工厂安装基本元件。

组装是一个很庞大的工程，他只是在里面拧螺丝。但是，他仿佛已经置身于天堂中了。一部分工友对这个爱出风头的孩子有些不满，因为他是通过给CEO打电话才得到了这份工作的。

父亲早上开车送他去，晚上再把他接回家。工作忙，有时甚至忙到深夜才到家。

乔布斯意识到："父母亲愿意改变自己的生活作息来适应他的兴趣爱好，他们愿意竭尽全力去适应他，给他特别的爱护。"

父母都很了解我。他们意识到我的不同寻常之后就有了很强的责任感，想尽办法让我学更多东西，送我去更好的学校，满足我的一切需求。

我需要跟教皇通话

九年级时，乔布斯去了家园高中。这所学校是由几栋两层楼的砖砌建筑构成，建筑都被刷成了粉色，当时有2000名学生。“学校是由一个著名的监狱建筑师设计的，他们想把学校建得坚不可摧”。

乔布斯那时候喜欢走路，每天都独自走过15条街去上学。比尔·费尔南德斯和乔布斯同班，他性格也很孤僻，不大合群，两人都与其他同学玩不到一块，他们最大的共同乐趣就是捣鼓电子元件，沉浸在自己的世界里。

和大部分邻居一样，比尔·费尔南德斯家的车库也被改造成了一间装备良好的电子车间，他家的房子恰好就在乔布斯上学的路上，也是乔布斯放学后经常逗留的地方，两人经常一起玩耍。

比尔·费尔南德斯将乔布斯介绍给街对面的沃兹尼亚克一家，因为他所有电子方面的知识都是杰里·沃兹尼亚克教给他的。

杰里的大儿子是一个电气、电子方面的神童，他的名字也叫史蒂夫。18岁的史蒂夫·杰里·沃兹尼亚克出生于1950年，比史蒂夫·乔布斯大五岁，大家都叫他“沃兹”。

比尔·费尔南德斯告诉沃兹，他应该见见家园高中的一个人。“他也叫史蒂夫，跟你一样喜欢恶作剧，也跟你一样喜欢电子学。”

这应该是一次具有重大意义的车库会面。

沃兹是这样回忆他和乔布斯的见面的：“我记得，乔布斯和我在比尔·费尔南德斯家门前的人行道上坐了很久，我们分享彼此的故事——大部分是在讲我们的恶作剧，当然还有我们做过的那些电子设计。我们竟然有这么多共同点，平时，我很难向人们解释清楚我做出的设计，但是乔布斯一听就明白了。我很喜欢他，他看着瘦瘦的，但是身上充满了活力。”

乔布斯印象也很深刻：“沃兹是我见过的第一个比我还懂电子学的人，我立刻就喜欢上他了。我比自己的真实年龄显得更成熟些，而沃兹正相反，我们拉平了。沃兹非常聪明，但情商方面却像是我这个年龄的人。”

除了对计算机的兴趣，两人还都热爱音乐。

那时候是音乐的鼎盛时期，就好像贝多芬和莫扎特还活着一样。真的，人们回顾那个时期时真的会这么想，沃兹和我深深沉醉其中。

沃兹让乔布斯迷上了鲍勃·迪伦。“迪伦会录下自己所有的音乐会，但他身边的一些人不是很谨慎，所以这些磁带很快就到处都是，盗版也到处都是。”

和乔布斯一样，沃兹也从父亲那里学到了很多，但两人学到的东西是不同的。

沃兹的父亲弗朗西斯·沃兹尼亚克是加州理工学院工程系的毕业生，后来成了洛克希德公司的火箭专家，设计“北极星”潜射导弹系统。

在乔布斯还在为一个碳精话筒迷惑不解的年纪，沃兹已经在使用晶体管搭建对讲系统了，这个系统带有放大器、继电器、灯和蜂鸣器，连接了相邻的六座房子中的卧室。乔布斯还在玩希斯工具盒的时候，沃兹已经在组装世界上最先进的无线电制造商哈里克拉夫特的发射器和接收器了。

1971年，沃兹在《君子》杂志上读到了一篇名为《小蓝盒的秘密》的文章，其中描绘了黑客和电话飞客是如何通过模拟AT&T（美国电话电报公司）网络上接通线路的特定音频免费拨打长途电话的。

这篇长文刚读到一半的时候，沃兹立即给乔布斯打电话，然后读了一部分给他听。

文章中提到其他一些可以作为内部线路控制的单音频信号的信息可以在《贝尔系统技术期刊》中找到，随后，AT&T公司立刻要求各地图书馆将这本期刊下架。接到沃兹的电话后，乔布斯立刻意识到他们必须马上找到那本期刊。“几分钟之后沃兹就来接我，我们去了斯坦福大学的图书馆，想看看能不能找到。”

那天是周日，图书馆关门了，但他们穿过一扇没上锁的门进到了图书馆里面。

我们在书架上猛翻，最后是沃兹找到了那本期刊，上面有所有的频率。那种感觉简直就是“天哪”！我们翻开它，所有信息都有。我们一直对自己说：“这是真的，天哪！这是真的！”所有信息都写得清清楚楚——音调和频率。

那天晚上，在电子商店关门之前，沃兹买到了制造模拟声音发生器需要的零部件。

乔布斯在惠普探索者俱乐部的时候就做过一个频率计数器，他们用这个计数器来调校他们需要的声音。只要一拨号，他们就能复制并录下文章中指定的声音。

到了午夜，他们准备好测试了。很不幸，他们使用的振荡器不够稳定，无法准确复制能够骗过系统的声音。

“我们使用乔布斯的频率计数器可以发现振荡器的不稳定性，”沃兹说，“但一直没有成功。第二天一早我就要去伯克利了，所以我们决定，等我到那儿之后，就着手制造一个数字版的蓝盒子。”

从未有人做过数字版的蓝盒子，但沃兹爱迎接挑战。他从电器连锁店买来二极管和晶体管，在同宿舍一个拥有完美音准感的同学的帮助下，在感恩节之前完成了制作。

“这是我设计过的最让我自豪的电路，”沃兹说，“直到今天我仍然觉得难以置信。”

一天晚上，沃兹从伯克利驱车前往乔布斯家中测试蓝盒子。他们想打给沃兹在洛杉矶的叔叔，但是弄错了电话号码。不过这无关紧要，因为这套装置终于可以使用了。

“嗨！我们正在免费给你打电话！我们正在免费给你打电话！”沃兹大喊着。

电话那头的人有点儿摸不着头脑，也有点儿不耐烦。

乔布斯插话了：“我们正在加利福尼亚给你打电话！在加利福尼亚给你打电话！用一只蓝盒子给你打电话！”

沃兹决定再玩个大的！他竟然把电话打到了梵蒂冈。他假装自己是美国国务卿亨利·基辛格，他操着一口装出来的德国口音，想要与教皇通话。

“我正在莫斯科参加峰会，我需要跟教皇通话。”

对方告知，现在是当地时间早上五点半，教皇还在睡觉。当沃兹再次打过去的时候，接电话的是一名充当翻译的主教，他并没有让教皇接电话，他们意识到沃兹可能是冒牌的。

也就是在那个时候，发生了一件具有里程碑意义的事件，乔布斯与沃兹确立了今后他们合作关系的模式：乔布斯认为蓝盒子不该再停留在业余爱好阶段了，他们可以制作然后销售。

乔布斯把剩下的元件都集中起来，比如说盒子、电源和数字键盘。蓝盒子成品的大小差不多有两副扑克牌那么大，所有的零部件总价值40美元，乔布斯决定以150美元的价格出售。

他们敲响各个酒店的门，寻找感兴趣的人，然后把蓝盒子连上电话和扬声器进行演示。买家在一旁看着，他们现场演示打电话，或者是拨打澳大利亚的“打电话听笑话”服务电话。

“我们大概做了100个蓝盒子，几乎全卖出去了。”

有一次，他们向邻桌的几个人推销蓝盒子。对方很感兴趣，乔布斯就走到电话亭，往芝加哥打了一个电话做演示。对方说要到车里去拿钱买蓝盒子，沃兹和乔布斯就跟着走向那辆车，乔布斯手上拿着蓝盒子，没想到，对方走进车里，将手伸到座位底下，拔出了一把枪。乔布斯从没有如此靠近过一把枪，他被吓坏了。

对方拿枪指着乔布斯说：“把它拿过来，兄弟。”

乔布斯的神经一下子绷紧了。他想是不是可以猛地关上车门砸伤对方的腿，然后趁机逃跑，但这可能导致对方开枪。乔布斯只好小心地把蓝盒子递给了他。抢走蓝盒子的家伙给了乔布斯一个电话号码，说如果蓝盒子有用的话，以后会想办法把钱付给他。之后，乔布斯照着号码打过去，还真的找到了那个家伙，他并不会用蓝盒子。

但这些不如意并没有影响俩人的创造激情。

“如果没有蓝盒子，就不会有苹果公司，这一点我百分之百确定。沃兹和我学会了怎样合作，我们也获得了信心，相信自己可以解决一些技术问题并且真的把一些发明投入生产。”

“你无法想象那给了我们多少信心。”沃兹也有同样的感触，“出售它们也许并不是个好主意，但这让我们看到，我的技术和他的远见卓识结合起来，可以做出怎样的一番事业。”

蓝盒子的这次合作，为两个人之间即将诞生的合作关系建立了一个模式：沃兹是个天才，他能创造出一些很酷的发明；而乔布斯会想着怎样把这个发明包装起来，推向市场。

绝非叛逆

15岁那年，父亲给乔布斯买了一辆汽车，一辆双拼色的纳什大都会轿车，而且安装了一台英国MG公司生产的发动机。那一年夏天，乔布斯开始抽大麻，有一次，父亲在他的车上发现了一些大麻。

“这是什么？”父亲问。

乔布斯平静地回答：“大麻。”

父亲看着他说：“你保证以后再也不抽大麻了。”

乔布斯不愿意保证。

这是他一生中为数不多的直面父亲的愤怒。“那是我少有的真的和父亲发生争执。”

跟父亲的第二次争执，是在高中即将毕业的时候。乔布斯正在与布伦南交往，布伦南当时正在承受着父母婚姻破裂的痛苦，变得十分脆弱。

“我们一起制作了一部动画片，然后开始交往，她成了我第一任正式女友。”

乔布斯和布伦南住在郊外的一处麦田里。那段时间他听了很多巴赫的音乐，仿佛整个麦田都在演奏着巴赫。他觉得自己就是交响乐的指挥，巴赫好像也出现在了麦田里。

毕业后的暑假，他和布伦南搬到了洛斯阿尔托斯一座山上的小屋里。那时，他特别迷恋20世纪40年代，并坚信自己就是那个时代的人。他特别喜欢听汤米·道尔西、本尼·古德曼和考特·贝茜的音乐。开车时，他感觉自己好像是第二次世界大战时期的飞行员，而且这种感觉非常强烈。

他告诉女友，在开车的时候，他有一种强烈的冲动想要往后拉方向盘，就好像操纵飞机起飞那样。

有一天他向父母宣布："我要去小屋里和布伦南同居了。"

他父亲怒不可遏："不准去，除非我死了。"

他们刚刚因为大麻的事情争吵过，这一次，乔布斯站起身，说了声再见就走出了家门。

父亲找到了他的小屋。

父亲走进小屋心平气和地说："17年前，我们领养你的时候，曾向你亲生母亲做过保证，一定要让你上大学。所以，我们一直努力工作，为你的大学专款省吃俭用。这笔专款虽不多，但也足够你上大学的费用了。"

乔布斯说："我不想上大学，我要去纽约。"

父亲说："不行，这次你不能任性，你一定要上大学。你不用担心费用，我们已经为你攒够了钱。"

乔布斯说："我不考虑州立大学，沃兹就读的伯克利我不想去，我也不想去斯坦福。去念斯坦福的人，他们已经知道自己想要什么了，他们一点儿艺术性都没有。我想要上的是更富有艺术性、更有趣的大学。”

父亲说：“那你想读哪所大学呢？”

乔布斯说：“我唯一的答案是里德学院。”

父亲听说过这所大学，那是俄勒冈州波特兰市的一所私立文理学院，全美最贵的大学之一。

父亲劝他：“里德的学费太高了，根本不是我们所能承受的。”

乔布斯坚持道：“如果我不能去里德学院的话，那么我就哪儿都不去。”

如往常一样，父亲又一次妥协了。

1972年，乔布斯要开学了，父母开了将近12个小时的车终于把乔布斯送到了里德学院。但他又做出了叛逆的举动：拒绝父母送他进校园，甚至连“再见”和“谢谢”都没有说，掉头就走了。

后来，乔布斯回想这件事的时候，充满了愧疚：“这是一生中真正让我觉得羞愧的一件事。我当时不够体贴，伤害了他们的感情，我不该那么做。他们为了能让我去里德学院读书竭尽全力，但我就是不愿意他们在我身边。我不想让任何人知道我有父母，我想像个搭火车四处流浪的孤儿一样，突然出现在校园，没有根，也无须与外界的联系。”

在里德学院，乔布斯只上了六个月大学。“那并不浪漫，我没有寝室，只能借宿在朋友房间的地板上。为了五美分，我去回收可乐瓶，并以此维持生活；每周日晚，我都步行七英里穿过整个城市前往克里希纳寺，只为好好地免费吃一顿。”

乔布斯很快厌倦了大学生活，他退学了。

“我决定退学，并觉得这是个正确的决定。不能否认，我当时确实非常害怕。”

这所私立学校的学费相当昂贵，他不忍心再加重父母的负担。一想到父亲把卖废品零件的钱积攒起来供他上学，并将为此耗光父母一生的积蓄，他实在不忍心。

他后来说，把父母的钱花在那些根本不值那么多钱的教育上，他开始有负罪感。

后来，在一场斯坦福大学毕业典礼演讲中，乔布斯提到：“开学六个月后，我完全看不到上学的价值。我那工薪阶层的父母省下来的钱全花在学费上了，我不知道自己想要干什么，也不知道大学能如何帮我搞清楚自己的人生目标，但我却花光了父母的毕生积蓄。所以我决定退学，并且相信这样也没什么不好。这一举动，在当时还是相当令人震惊的。”

乔布斯在大学里，随身只带着一本《全球概览》，其创刊号的封面就是那张著名的从太空拍摄的地球照片。创刊号的第一页上写道：“我在那些可靠的工具和器械中看到了上帝……一个关乎私密的个人力量的领域正在蓬勃发展——这样的力量可以让个人实现自己的教育，找到自己的灵感，塑造自己的环境，与任何感兴趣的人分享自己的经历。”

乔布斯对《全球概览》着了迷，他尤其钟爱的是1971年的停刊号，当时他还在上高中，之后他一直带着这期杂志，去了大学，去了团结农场。

“在停刊号的封底上，有一幅清晨乡间小路的照片，就是那种搭便车旅行时经常看到的景象。照片下面有一行字：‘求知若饥，虚心若愚’。”

打开心扉、自问心源、脱离尘世

入学里德学院一周后，乔布斯结识了挚友丹尼尔·科特基。他和自己一样喜欢佛教禅宗、鲍勃·迪伦和迷幻药。丹尼尔来自纽约一个富人区，对佛教的兴趣让他那花童一般的行为举止显得更加柔和，精神上的探索让他不再追求物质享受。

里德学院的在校生只有1000人，规模只有家园高中的一半，学校以自由精神和嬉皮士生活方式著称。

五年前，迷幻启蒙运动的领袖蒂莫西·利里在他的“精神探索联盟”高校之旅中，曾经盘腿坐在里德学院的草地上，大声呼喊：“就如同过去我们在其中寻找神性的所有伟大宗教一样……那些古老的目标都隐喻着现在——打开心扉、自问心源、脱离尘世。”许多里德学院的学生把这三条告诫奉为座右铭。

星期天的晚上，乔布斯和丹尼尔会步行或骑车前往里德学院七英里外的克里希纳寺庙，寺庙向所有访客提供免费的素食。他们一起去图书馆，分享关于禅宗的书，他们在房间屋顶阁楼的狭小空间里开辟了一间冥想室，在里面布置了印度花布、一块手纺纱棉毯、蜡烛、熏香还有冥想坐垫。

“天花板上有一扇小门是通向阁楼的，那里空间很大。大多数时候，我们只是在里面冥想而已。”

乔布斯对东方精神，尤其是佛教禅宗的信奉，并不是心血来潮或一时冲动。“乔布斯是个十足的禅宗信徒，禅宗对他的影响非常深。这一点你可以从他奉行的极简主义的美学观点和执着的个性上看出来。”

但他的激情让他很难实现真正的涅槃，内在的平静、内心的平和或者说为人的圆润，这些禅修者的特质并未在他身上有所显现。

有一本书在乔布斯大一那年深深影响了他，即《一座小行星的新饮食方式》，书中颂扬了素食主义对个人以及对整个星球的益处。

“我就是那时候发誓不再吃肉的，为了自己，也为了地球。”乔布斯和丹尼尔，在大一这年成为了严格的素食主义者。

“乔布斯比我还深陷其中，他完全靠吃麦片生存。”

他们会去一个农民合作社买东西，乔布斯会买一盒麦片，吃上一个星期，再买点儿散装的健康食品。

“他会买一些椰枣和杏仁，还有许多胡萝卜。他有一台‘冠军牌’榨汁机，我们会做胡萝卜汁和胡萝卜沙拉。”

素食主义与佛教禅宗、冥想与灵性、迷幻药与摇滚乐，这些都是那个时代寻求自我启迪的美国校园文化中的标志性行为，乔布斯以一种近乎疯狂的方式将它们集于一身。

在里德学院，乔布斯还有一个朋友——罗伯特·弗里德兰。罗伯特总是穿着一袭松松垮垮的印度风格的长袍。他经常谈起自己对佛教禅宗的研究、他的印度精神导师和印度之旅，以及这一切是怎样影响他的生活的。

有几年，乔布斯将他视为自己的精神导师——直到后来他才发现那是一名吹牛欺诈的高手。1973年的夏天，罗伯特去印度拜访了拉姆·达斯的印度教导师——尼姆·卡罗里大师。那年秋天他从印度回来后起了一个宗教名字，走到哪里都是一双凉鞋及一身飘逸的印度长袍。

罗伯特在校园外租了一个房间，就在一个车库顶上，乔布斯常会去那里找他。

“他让我达到了一个全新层次的觉悟。”乔布斯说。

罗伯特后来回忆说：“乔布斯总是赤着脚走来走去，让我感到震撼的是他的激情。他只要对一样东西感兴趣，就会把这种兴趣发挥到非理性的极致状态。他的招数之一就是死死地盯着正在和他讲话的人，他会一直注视着对方的眼球，然后提问，并要对方在不回避他目光的情况下回答。”

有时候，他们三人会在星期天晚上一起去克里希纳寺，他们会用尽一切力气唱歌跳舞。

“我们会让自己进入一种癫狂的状态，罗伯特会像失去理智一般疯狂地跳舞。乔布斯则平静很多，完全释放自己似乎会让他觉得尴尬。”

之后就会有人给他们奉上堆满了素食的纸盘子。

罗伯特管理着波特兰西南40英里处一家220英亩的苹果园，果园的主人是他一位来自瑞士的性格古怪的百万富翁叔叔。罗伯特在迷恋上东方宗教后，把这处果园改造成了一个公社，叫作“一体农场”。他们和其他一些寻求精神启蒙的人在这里过周末。农场里有一座主楼、一座大仓库和一间花园小屋。

乔布斯负责给苹果树剪枝。“乔布斯管理着苹果园，我们当时在做有机苹果汁的生意。乔布斯的工作就是带领一群人给果树剪枝，然后把果园打扫干净。”

克里希纳寺的僧人和信徒们也会到农场来，帮着准备素食盛宴，菠萝、香菜和姜黄的香味四处飘散。

尽管这个公社设立之初是为了逃避物质主义，但罗伯特开始像做买卖一样管理公社。他的信徒们被要求砍柴然后出售柴火，生产苹果榨汁机和柴火炉子，大家参加各种商业活动但得不到报酬。

有一天晚上，乔布斯睡在厨房的桌子下面，看着人们进进出出地从冰箱里偷别人的食物。“事情开始变得非常物质主义，每个人都意识到自己在为罗伯特的农场拼命工作但得不到任何回报，于是大家一个接一个地离开了。这一切让我觉得恶心。”

乔布斯开始有点儿无法忍受罗伯特宗教领袖般的行事风

格了，“也许看到了太多罗伯特·弗里德兰的本质。”

很多年以后，罗伯特已经成了一名亿万富翁，管理着铜矿和金矿。他因为旗下的几处矿产破坏环境而陷入了麻烦，打电话联系乔布斯，请求他与比尔·克林顿交涉，但乔布斯没有回应他。

“罗伯特总是标榜自己是个精神至上的人，但他越过了从魅力到欺骗的界限。年轻的时候认识的号称精神至上的人，最后变成了彻头彻尾的淘金者，这真是件非常奇怪的事情。”

在里德学院那段时间，“是一段意义非凡的经历，让人看到了硬币的另一面。它让我更清楚什么是重要的——创造伟大的发明，而不是赚钱。应该尽我所能，将此生放回历史和人类思想的长河中。”

“我喜欢那种生活，我追随着我的直觉和好奇心，当时经历的许多东西后来都被证明是无价之宝。”

人需要一次次脱胎换骨

1974年2月，在里德学院晃荡了18个月之后，乔布斯搬回了父母在硅谷的住处，然后找工作。他打开《圣何塞水星报》，看着分类广告版面。一则广告吸引了乔布斯的目光——在享乐中赚钱。

那一天，乔布斯穿着凉鞋走进了游戏制造商雅达利公司的大厅，对着被他不修边幅的发型和装扮吓了一跳的人事主管说："如果我得不到一份工作，我是不会离开的。"

有人通知了经理奥尔康："有个嬉皮士小子在大厅里，他说如果我们不雇他，他就不走。我们该打电话报警还是让他进来？"

奥尔康说："快带他进来！"

奥尔康在乔布斯身上看到了一些东西。"雇用一名里德学院的辍学生真有点儿不可思议。可他非常聪明，富有激情，对技术有着狂热的着迷。"

乔布斯成了雅达利公司第一批50名员工之一，职位是技术员，薪水是每小时五美元。奥尔康让乔布斯与一个叫唐·朗的工程师一起工作。

第二天，唐·朗找奥尔康抱怨："这家伙是个该死的有体臭的嬉皮士，你为什么要这么对我？我根本没法儿跟他相处。"

工程师想赶走乔布斯，但老板布什内尔想出了一个解决方案："我让他上夜班，这样就可以把他留下了。他的体味和行为举止对我来说并不是问题，乔布斯是很麻烦，但我挺喜欢他。"

乔布斯会在其他员工下班之后过来上班，工作一整晚。即便已经与他人隔绝到如此地步，他还是因为自己的鲁莽无礼出了名。在一些跟人交流的场合，他会肆无忌惮地称别人为"蠢货"："我那么耀眼的唯一原因就是，其他人都太糟糕了。"

尽管他很傲慢——或者正是因为他的傲慢——他获得了雅达利公司老板的青睐："他比其他与我共事过的人更加有哲学气质，我们曾经讨论过自由意志和宿命论。我认为事情都是命中注定的，我们的人生都是被规划好的。如果有足够的信息的话，我们可以预知一个人的行动。乔布斯的观点与我正相反，乔布斯坚持他的观点——意志的力量可以改变现实。"

乔布斯急切地想要赚钱，原因之一就是前一年夏天去过印度的罗伯特·弗里德兰鼓励他也去印度进行一次精神之旅。罗伯特在印度师从尼姆·卡罗里大师，尼姆是20世纪60年代嬉皮士运动的精神导师。

乔布斯决定也去印度，还叫上了丹尼尔·科特基与他同行。驱动他的并不单纯是冒险精神。“对我来说这是一次很严肃的探索。我迷上了自我启蒙的想法，想要弄清楚我到底是什么样的人，我该怎样融入这个世界。”

丹尼尔认为，乔布斯的这次探索之旅，一部分是因为他不知道自己的亲生父母是谁。“他心里有个洞，他想把它填上。”

乔布斯走进奥尔康的办公室，盯着他，然后宣布：“我要去印度寻找我的精神导师了。”

奥尔康被逗乐了，说：“不会吧！太棒了！记得给我写信！”

乔布斯说：“我希望公司能承担这笔费用。”

奥尔康告诉他：“做梦！”

乔布斯坐下来，耐心地给奥尔康讲这位精神导师的力量。

奥尔康有了一个主意。雅达利在生产一些配件，这些配件要运往慕尼黑，在那里组装完毕后由都灵的一家批发商负责配送。但是有一个问题，因为游戏都是为美国市场设计的，到了欧洲可能会有让人沮丧的冲突。

奥尔康简单地向乔布斯描述了补救方案，然后提出想让他去欧洲解决问题的想法。

奥尔康说：“从那里去印度路费会便宜一点儿。”

乔布斯同意了。就这样，奥尔康送走了乔布斯，还叮嘱他：“代我向你的导师问好。”

乔布斯到了慕尼黑，解决了游戏机的冲突问题。然后从瑞士搭航班到了印度。

到了新德里，一下飞机，乔布斯就感觉到跑道上的阵阵热浪，尽管那时候才四月份。

他住进客店。第二天，“我就得了痢疾，病得很严重，发高烧，一个星期内我的体重从160磅掉到了120磅”。

这是他第一次那么临近死亡。他以为自己会死在新德里。

昏迷中，他想起高中时看到的一则格言：“把每一天都当成生命中的最后一天，你就会轻松自在。”没有人想死。即使那些想上天堂的人，也想活着上天堂。但是死亡是我们共有的目的地，没有人能逃得过。每个人都会死，大家都会被送出人生的舞台。

“记住你即将死去”是我一生中遇到的最重要箴言。几乎所有的事情，包括所有的荣誉和骄傲以及对难堪和失败的恐惧，这些在死亡面前都会消失。

“记住你即将死去”是我知道的避免这些想法的最好办法。你已经赤身裸体了，你没有理由不去跟随自己内心的声音。

这次死里逃生后，乔布斯每天早上都会照镜子，自问：“如果今天是此生最后一日，我要干些什么？”

“每当我连续太多天都得到一个‘没事做’的答案时，我就知道我必须有所变革了。”

等乔布斯恢复到可以行动的时候，他离开了新德里，去了印度北部的赫尔德瓦尔，那里靠近恒河的源头，每三年就会有一次盛大的宗教集会。恰巧，1974年举行的是12年一次的最大规模的集会，被称为“大壶节”。超过1000万人涌进了这座常住人口不到10万、面积接近帕洛奥图的小镇。“到处都是教徒，帐篷里住着很多导师。还有人骑着大象，无奇不有。我在那儿待了几天之后决定离开。”

他换乘火车和公共汽车来到了喜马拉雅山脚下，一座靠近奈尼塔尔的村庄。那里是尼姆·卡罗里大师曾经居住过的地方。乔布斯到达这里的时候，大师已经不在人世了，至少是不在今世了。

他从一户人家那里租了一个房间，房间的地上有一块床垫。这户人家给他吃素食，帮他恢复了健康。

之前的一个旅行者留下了一本英文版的《一个瑜伽行者的自传》，我读了好几遍，因为也没什么其他可干的事。我在各个村落之间游荡，痢疾症状也消失了。

一天，他听说一个年轻的印度教圣人要举办信徒聚会，位于喜马拉雅山脉的住处。

我很开心能有机会遇到一个有灵性的人并且和他的信徒

交流，同时也有机会好好吃上一顿。走近房子的时候我就能闻到食物的香味儿了，我非常饿。

乔布斯在吃的时候，那位圣人——其实只比乔布斯大几岁——从人群中选中了他，指着他然后开始疯了似的大笑。

他跑过来抓住我，发出两声“嘟嘟”声，然后说：“你就像个小孩一样。”

圣人抓着乔布斯的手，带他离开了那群虔诚的信众，走上了一处高地，那儿有一口井和一小方池塘。“我们坐下来，他拿出了一把剃刀。我以为他是个疯子，开始有点儿担心，这时候他又拿出了一块肥皂——我当时留着长发——他给我的头发打上肥皂，然后给我剃了个光头。他告诉我，他是在拯救我的健康。”

丹尼尔·科特基在那年的初夏到了印度，乔布斯回到新德里去见他。他们坐着公共汽车，漫无目的地晃悠。这个时候，乔布斯已经不再寻找传授智慧的导师了，而是通过苦行体验、感官剥离和返璞归真寻求启蒙，他做不到内心的真正平和。

在印度待了七个月后，那年秋天乔布斯启程回家。途中在伦敦逗留，然后从伦敦搭乘一趟便宜的航班回到了奥克兰。在印度期间，他只零星地给父母写过几次明信片，所以当父母接到他从奥克兰机场打来的电话让他们去接他的时候，他们还很惊讶。

他们立刻从洛斯阿尔托斯开车出发。乔布斯走出机场，就像一位印度的智者，打着赤脚，身披一件橙色长袍。“我的头发被剃光了，身上穿着印度袍子，皮肤被晒得又黑又红。”

“我坐在那儿，他们俩从我身边走过了好几次，母亲才终于走上来，打量着我，说：‘乔布斯吗?’”

我说：“嗨!”

后来，乔布斯提起自己的灵魂之旅说：“你不可能预见性地将未来生命中的点点滴滴串联起来；只有在你回顾往昔的时候，才会发现这点点滴滴之间的联系。所以你要坚信，你现在经历的点滴必将或多或少和你的未来产生关联。”

你的时间是有限的，所以不要浪费时间生活在别人的世界里。不要被教条束缚，不要被别人的想法所左右。不要让别人的意见淹没了你内心的声音，更重要的是要有勇气去听从你的内心和直觉。它们在某种程度上已经知道你真正想要成为什么，其他一切都是次要的。

你必须相信一些东西——勇气、命运、生命、缘分等。这种信仰从没有让我失望，反而让我的人生变得与众不同。

不是天才，就是白痴

1975年1月出版的《大众机械师》封面图描绘的是世界上第一台个人计算机——“牵牛星”，它预示着一个新纪元的来临。比尔·盖茨和保罗·艾伦看了那一期杂志后，就开始研发用于“牵牛星”的BASIC语言版本。乔布斯和沃兹也被这期杂志深深吸引了。

沃兹一直在设计一台终端机，这个主意在他脑海中萦绕了很久：键盘、屏幕、计算机整合在一套个人装置中。

“我脑子里就突然冒出来一个关于个人电脑的设想。那天晚上，我开始设计后来成为Apple I计算机的草图。”

每天，沃兹回家吃过晚饭后，就会回到惠普公司连夜研究他的计算机。他把零件散放在他的小隔间里，搞清楚它们要放置的部位后，再焊到主板上。之后他开始编写软件程序，让微处理器在屏幕上显示图像。因为承担不起使用电脑的花费，所有的代码他都是手写的。

几个月之后，他准备好测试了。“我在键盘上按了几个键，我被震惊了！那些字母都显示在了屏幕上。”

那天是1975年6月29日，星期天，个人电脑历史上具有里程碑意义的时刻。“那是历史上第一次，”沃兹说，“一个人在键盘上按下几个字符，然后在自己面前的屏幕上看到它们立刻被显示了出来。”

乔布斯也大吃一惊。他连问了沃兹几个问题：这台电脑能联网吗？是否有可能添加一块磁盘作为存储器？他帮沃兹找来许多零件，其中最为重要的就是DRAM（动态随机存取存储芯片）。

乔布斯打了几个电话，免费从“英特尔”得到了一些芯片。“乔布斯就是这样的人，他知道怎么跟销售代表说话。我就不行，我太羞涩了。”沃兹后来说道。

乔布斯不希望沃兹的发明——不管是蓝盒子还是电脑——是免费的。“我们为什么不做好印刷电路板然后卖给他们呢？”

这就是他们合作关系的模式。“每次我设计出一样很棒的东西，乔布斯就会找办法为我们赚到钱。”沃兹说，“我心里从没有想过要卖电脑。”

乔布斯看到了个人电脑的前景。远见有时就是一道激光，能穿透所有阻碍。可以说了解人类历史上的远见者，我们就了解了整部人类史。

乔布斯知道该怎样说服沃兹，“即使我们赔了钱，我们也能拥有一家公司，”乔布斯说，“在我们的一生中，至少有这么一次，我们会拥有一家公司。”

这句话对沃兹的诱惑太大了，比变成富人的诱惑还要大。

沃兹回忆那个时刻："两个最要好的朋友创办一家公司！天哪！一想到那种情景我就兴奋，我立马同意了，我怎么可能拒绝？"

既然决定开公司了，就要给公司起个名字。在那之前，乔布斯又去过一次团结农场，在那里给苹果树剪枝，沃兹去机场接他。在回洛斯阿尔托斯的路上，两人讨论了好几个名字。沃兹考虑过一些典型的技术词汇，比如"矩阵"（Matrix）。

乔布斯说："苹果。"他想以此纪念他在俄勒冈州果园当工人时的快乐夏天。

他告诉沃兹，如果到第二天下午还想不到更好的名字，那就用"苹果"。决定名字的截止日期是第二天，因为乔布斯准备递交申请文件了。

"那段时间我正在吃水果餐。我刚从苹果农场回来。这名字听上去有意思，有活力，不吓人。'苹果'削弱了'电脑'这个词的锐气。还有，这能让我们在电话簿上排在雅达利之前。"

苹果公司正式成立后不久，乔布斯和沃兹就共同登台，在计算机俱乐部进行了一次演示，然而现场观众并不是很感兴趣，但是有一个重要人物留了下来，他想要获得更多信息。他的名字叫保罗·特雷尔，他开了一家电脑商店，就在门洛帕克的国王大道上。

乔布斯非常高兴能给他私下作演示。"看看吧，你会喜欢上你看到的东西。”

特雷尔看后印象深刻，把自己的名片给了乔布斯和沃兹。他说：“保持联系。”

第二天，21岁的乔布斯走进了特雷尔的电脑商店说：“我来跟你联系了。”

他做成了买卖，特雷尔同意订购50台电脑。他要的是完全组装好的电脑，并愿意每台出价500美元，货到付款，现金结账。

乔布斯立刻给还在惠普公司的沃兹打了电话：“你现在坐着吗？”

沃兹后来说：“我被震住了，完全震住了，我永远都忘不了那一刻。”

为了完成订单，他们需要价值1.5万美元的零部件。乔布斯卖掉了他的大众汽车，沃兹卖掉了他的惠普科学计算器，可这都只是杯水车薪。乔布斯想从洛斯阿尔托斯的一家银行借一些钱，但银行经理看了看他，拒绝了。他们又去了哈尔泰克商店，提出拿苹果公司的股权换取一些零部件，但商店老板认为他们只是两个“年轻邋遢的小伙子”，也拒绝了。

最终，乔布斯说服克拉默电子公司的经理让他亲自打电话给保罗·特雷尔，确认对方是否真的下了一个2.5万美元的订单。

当时特雷尔正在开会，他听到喇叭里在叫他，说有紧急来电。克拉默电子公司的经理对他说，两个衣着邋遢的小子走进店里，挥舞着一张订单，订单是真的吗？特雷尔确认了订单的真实性，克拉默电子公司同意将零件预支给他们，账期30天。

乔布斯位于洛斯阿尔托斯的家，成了苹果主板的组装工厂。主板必须在30天内送到商店，因为零件的付款期限只有30天。

我会把装好的主板连接上电视机和键盘进行测试，看看能不能工作。如果能工作，我就把它装进盒子里，如果不能，我还要找出哪只管脚没插好。

12块组装好的主板经过沃兹检验合格后，被乔布斯送到了电脑商店。特雷尔有点儿吃惊，没有电源，没有外壳，没有显示器也没有键盘。他期待的可不是这样的产品。但乔布斯死死盯着他，他只好同意收货付钱。

乔布斯后来说："我很清楚，使我一直走下去的就是我爱我所做的事情。你需要去找到你所爱的东西，只有爱你所做的，你才能成就伟大的事情。如果你没找到自己的所爱，继续找，别停下来。"

车库里挂着一本日历，乔布斯在上面画出了从乔治·华盛顿开始的所有美国总统的生日。有些人活着，就是为了改变世界。

在日历上，乔布斯写下："不是天才，就是白痴。"

乔布斯在邻居家的车库里看到一款机器，把一些不起眼的小石头混合一些粗砂粒和水放进去，然后开动马达转动，等第二天再打开机器时会发现，原来那些歪瓜裂枣的石头，已经变成了光滑柔顺、令人惊艳的鹅卵石。

这一幕一直留在乔布斯的脑海里，他认为这个场景最能代表一个为理想奋斗的团队。集合一群才华横溢的伙伴，他们互相冲撞、争执，甚至大吵。这会制造一些噪音，但是他们都在试图让对方变得更棒，让点子变得更棒。

会制造“噪音”的团队，才会磨出美丽的石头。

我有什么资格炫耀

1980年12月12日早晨，苹果公司上市了。最终定下的股价是22美元一股，当天收盘时，股价涨到了29美元。

乔布斯赶到汶布里克特·奎斯特的办公室，观看了开市。在25岁这一年，他的身价就达到了2.56亿美元。

苹果公司上市30年后，他回顾了当年“一夜暴富”的感受：

我从来没有为钱担心过。我成长在一个工薪阶级家庭，所以我从没担心过会挨饿。我在雅达利公司的时候，意识到自己是个还不错的工程师，所以我知道自己肯定可以维持生计。我读大学和在印度漫游的时候，自己选择了过苦日子，后来尽管我开始工作了，但我还是过着十分简单的生活。

我经历过极度贫穷，那种感觉很美好，因为我不用为钱担忧，后来我变得特别有钱了，还是不用为钱担心。

我看到苹果公司的一些人，大赚一笔后就觉得自己要过不同的生活。他们买下劳斯莱斯汽车和许多房子，每栋房子都有管家，然后再雇一个人管理所有的管家。他们的妻子去做整形手术，把自己变得稀奇古怪。

这不是我想要的生活方式。这太疯狂了。我答应过自己，不会让钱改变了我的生活状态。

乔布斯最大的一次个人赠予是送给自己的父母——保罗·乔布斯和克拉拉·乔布斯。他送出了价值约75万美元的股票。老两口出售了其中一部分，用以偿还洛斯阿尔托斯的房子的抵押贷款。他们的儿子也回到家中庆祝。“这是他们人生中第一次没有背负贷款，他们请来了几个朋友，到家中开派对，那场面太温馨了。”

但他们并没有考虑换一套好点儿的房子。他们没有那个兴趣。他们对现在的生活很满意。

乔布斯的父母，依然住在以前的小房子里，并且没有添置一样家具。邻居们问，你们的儿子那么多钱，难道不能给你们买一栋大房子，请个保姆吗？

乔布斯的父亲对邻居说：“我们已经简朴惯了，我们崇尚的就是简朴。我们认为简朴是美德，奢侈、浪费、炫富很丢人。我们自己干得动，为什么要请保姆，我们不喜欢那种炫耀、奢侈的生活。”

他们唯一的奢侈举动就是每年都乘坐“公主号”游轮度

假一次。乔布斯说，穿越巴拿马运河的那条航线是我父亲的最爱，因为会让他想起自己在海岸警卫队的时候，他们的船穿越巴拿马运河驶往旧金山退役的情景。

父母的这种简朴，也深深地影响了乔布斯。没有人可以想象，一个可以买下欧洲六国的富人，几乎家徒四壁。他平时喜欢坐在地板上，那样更适合冥想。他的床也是落地榻榻米。

乔布斯是素食者。在一般人的眼里，他每天就吃几片菜叶，穿着棉布衬衫、牛仔裤，乘坐的车也是最普通的美国车。他看不起那些炫富的人，也不喜欢和那些炫富的人合作。

他的妻子曾经对他说："你过得完全是清教徒的日子。那些领救济金的人过的日子都比你奢华。"

他说："世上那么多人还在挨饿，我有什么资格炫耀。"

你说你想要一场革命

1981年10月，《企业》成为世界上第一本将乔布斯印上封面的杂志。

“这个人永久改变了商业世界。”杂志上如此宣称。

“史蒂夫·乔布斯说话的时候是极富热情的，他能预见未来，也正在努力创造未来。”有人这样说。

但乔布斯认为，自己是一个反主流文化的人。有一次，在访问斯坦福大学的课堂上，他脱下了自己的西装和鞋子，坐在桌子上，盘腿打坐。

学生们问了一些诸如“苹果”的股价何时会上涨之类的问题，乔布斯一概置之不理，而是讲述了自己对于未来产品的想象，比如某一天有人造出一台和书本一样小的电脑。渐渐的，不再有人问商业方面的问题了。

乔布斯抱怨过这一代的孩子，在他看来，他们比他那一代的人更加物质主义，一心追求名利。

我上学的时候，实用主义、目的性很强的社会风气还没有盛行。现在的孩子根本不愿意用理想主义的方式来思考，连接近理想主义都谈不上。他们自然不会让任何哲学问题占用他们太多的时间，因为他们要忙于学习自己的商科专业。

我们不一样，20世纪60年代的理想主义之风仍然影响着我们，我认识的与我年龄相仿的人中，大多数人的心里都打着理想主义的烙印。

“我们才是真正的革命家，活着就是为了改变世界。”这句话也成了他的经典名言。

1985年，乔布斯被苹果公司解雇了。乔布斯和约翰·斯卡利对如何运营公司有很大的分歧，苹果公司的董事会站在当时的CEO斯卡利一边。

在一次会议上，斯卡利告诉参会的安全分析师：“无论现在还是将来，乔布斯在公司的业务运作方面将不会担任任何职务。”

乔布斯听到此消息时，平静地说：“这好像是有人冲你的胃重击了一拳，你不能呼吸。你越是试图呼吸，你越不能呼吸。你知道，你唯一可以做的只有放松，只有这样你才可以重新开始呼吸。”

苹果公司与乔布斯彻底决裂的时候，乔布斯就像一个无助的孩子，不知道该向何处去。他卖掉了自己2000多万美元的苹果公司的股票，花了几天时间沿着海边骑自行车，感到的只有悲伤和失落，为了放下身心，他去了巴黎和意大利旅行。

回顾这一令人心碎的时光，乔布斯说："我当时没有预料到，但事实证明，被苹果公司炒掉是发生在我身上最好的事情。之前成功所带来的压力被重新成为一名创业者所带来的轻松取代。它让我进入我生命中最富有创造力的时期之一。"

在接下来的5年中，他开创了两家公司——NeXTstep和Pixar（皮克斯动画工作室）。NeXTstep生产了NeXT，一个价值9995美元的工作站，但它并没有像乔布斯预期的那样，它表现不佳，乔布斯在1993年时放弃了它。不过Pixar是成功的，该公司创作了第一个电脑动画电影——《玩具总动员》。

从1985年到1996年底，在将近12年的时间里，乔布斯被自己亲手创建的公司抛弃，与苹果公司断绝了关系。至少，他想通过新创建的NeXT公司证明自己的实力，让苹果公司的董事会意识到，当初抛弃自己的决定无比愚蠢，是个天大的错误。

但是遗憾的是，在那12年里，乔布斯和"苹果"的走势均一路狂跌，谁也没能证明自己。

乔布斯在给斯坦福毕业生的演讲中说道："苹果公司开除我，是我人生中最好的经验。从头开始的轻松释放了成功二字的沉重，让我进入了这辈子最有创意的时刻。"

我有很棒的经验，充沛的活力，再加上一点"梦想"，我不怕从头开始。

我会一直和苹果公司保持关联。我希望我人生的轨迹能够和苹果公司的发展轨迹像挂毯上的线一样彼此交织。也许我会离开这里几年，但是我总会回来的。

有时候，人生会用砖头在你的头上重击。不要丧失信心，我相信，唯一让你继续走下去的就是你的热爱。你必须找到你所爱的，不仅工作如此，爱人也是如此。你的工作将填满你生命中的很大一部分，唯一满意的办法，就是做你认为伟大的工作。如果你还没有找到它，继续寻找，不要停下来。当你找到时，你的心会告诉你。而且，如同任何伟大的关系，随着岁月的流逝，它只会越来越好。所以继续找，直到你找到它，不要停下来。

对血缘有点儿好奇

1986年，乔布斯31岁时，也就是在他离开苹果公司一年之后，母亲克拉拉患上了肺癌。母亲弥留之际，乔布斯一直陪在她的病床边，用以往少有的方式跟她聊天，也问了一些一直藏在心底的问题。

乔布斯问，与父亲结婚40多年，怎样做到从不争吵呢？

母亲说："从我结婚那天起，我就想着要列出保罗的十条缺点，为了我们婚姻的幸福，我向自己承诺，每当他犯了这十条错误中的任何一项时，我都愿意原谅他。"

乔布斯问，那十条缺点到底是什么呢？

母亲说："老实说吧，40多年来，我始终没有把这十条缺点具体地列出来。每当他做错了事，让我气得直跳脚的时候，我马上提醒自己：算他运气好吧，他犯的是我可以原谅的那十条错误当中的一个。"

乔布斯感动地吻着母亲的手，他终于发现，这个家之所以那样和睦，不仅仅是因为父亲的大度，还有母亲的宽容。如果能像母亲一样，学会宽容和忍让，就会发现幸福其实一直都在身边。

宽容是一种无坚不摧的力量。互相宽容的朋友，才能风雨同舟；互相宽容的夫妻，才能白头偕老。

“跟父亲结婚的时候，你有男友吗?”乔布斯好奇地问。

母亲努力地给了他一个微笑。这才告诉他，之前她结过婚，她的前夫上了战场就再没回来，她还透露了一些她和父亲如何领养他的细节。

大概就是在那个时候，乔布斯找到了他生母的下落。

从20世纪80年代初开始，他就聘用了一个侦探，开始悄悄地寻找他的生母，但什么线索都没有找到。后来乔布斯注意到他出生证上一个旧金山医生的名字。

“他的姓名在电话簿上可以查到，所以我给他打了个电话。”

那个医生没帮上忙，他声称他的所有记录在一场火灾中全部被烧毁了，不过那不是真的。事实上，就在接到乔布斯的电话后，这个医生写了一封信，信封上面写着“我死后交给史蒂夫·乔布斯”。

不久后他就去世了，他的遗孀把这封信寄给了乔布斯。信中，医生说他的母亲来自威斯康星州，当时是一个未婚的研究生，名字叫乔安妮·席贝尔。

乔布斯聘请了另一位侦探，几个月后找到了生母的下落。在把乔布斯送人后，乔安妮还是嫁给了乔布斯的生父阿卜杜勒法塔赫·钱德里，他们后来又生了一个女儿，叫莫娜。

五年后，钱德里抛弃了她们，乔安妮又嫁给了一个滑冰教练乔治·辛普森，但这场婚姻也没能长久，1970年，她开始带着莫娜四处流浪（她们俩现在都用的是辛普森的姓），后来去了洛杉矶。

乔布斯一直犹豫要不要让保罗和克拉拉——他心目中“真正的父母”知道他在寻找自己的生母。他担心他们会不高兴，这种敏感对他来说实属少见，从中也可以看出他对养父母的感情之深。

我绝不希望让他们感觉到我不把他们当成父母，因为他们永远都是我的父母。

“我是那么爱他们，我不想让他们知道我在寻找生母，甚至当有记者发现真相时，我也会让那些人守口如瓶。”直到1986年初母亲克拉拉去世，他才决定告诉父亲。父亲表示完全可以接受，并说不介意乔布斯跟他的生母取得联系。

这样，乔布斯给乔安妮·辛普森打了电话，说了自己是谁，并决定去洛杉矶跟她见面。

他说这主要是出于好奇心：“我相信环境比遗传对人的影响更大，但人还是会对自己的血缘有点儿好奇。”

他还想安慰乔安妮，说他并不介意她当初把他送给别人领养。“我想见我的生母，主要是为了看看她过得好不好，我还要感谢她，因为我很高兴我没有被堕胎。她当时只有23

岁，为了把我生下来她承受了太多。”

当乔布斯来到乔安妮在洛杉矶的家时，她激动不已。

她说当时承受了很大压力才在他的领养文件上签字，而且她是在被告知他会在新的父母家非常幸福才签字的。她一直很想念他，并为她所做的事情感到痛苦。她反反复复地道歉，乔布斯则一直安慰她，说他能够理解，他过得很好。

平静下来后，她告诉乔布斯他有个同父同母的亲妹妹，莫娜·辛普森，现在在曼哈顿，是个雄心勃勃的小说家。以前她从未告诉过莫娜她有个哥哥，就在那天，她打电话公布了这个消息——至少是一部分信息。

“你有个哥哥，他很棒，很有名，我要带他来纽约见你。”她说。

莫娜当时正在写一部小说的结尾，是关于她母亲以及她们如何从威斯康星州游历到洛杉矶的经历，书名叫《在别处》。

读过这本书的人不会惊讶，乔安妮向莫娜说起自己长子的方式有点儿怪异。她不肯说他是谁，只是说他曾经很穷，现在有钱了，很好看也很有名，有长长的深色头发，住在加利福尼亚。

莫娜当时在《巴黎评论》工作，那是乔治·普林顿主办的文学期刊，办公室在他位于曼哈顿东河附近的别墅。莫娜和同事们开始猜她哥哥是谁。

约翰·特拉沃尔塔，那是大家认为最有可能性的一个人，他们还猜到了其他演员。其间某个人说了句“也许是苹果公司那几个创始人之一呢”，但没人想到这人会是乔布斯。

他们在瑞吉酒店的大堂见面。乔安妮·辛普森把莫娜介绍给乔布斯，结果居然真的是“苹果”的创始人。

“他非常直率可爱，就是个普通的、和善的人。”莫娜说。

他们一起坐在大堂聊了一会儿，然后他带着妹妹一起出去散步，就他们两个人。

乔布斯兴奋地发现有个跟自己这么像的亲妹妹，他们都非常执着，对周围环境善于观察，敏感而又倔强。当他们共进晚餐时，他们会注意到相同的建筑细节……

“我妹妹是个作家！”他喜形于色地告诉苹果公司的同事们。

1986年底，普林顿为莫娜的新书《在别处》举行庆祝会时，乔布斯专程飞到纽约陪同莫娜出席。

他们的关系越来越亲密，尽管当中也有磕磕绊绊，这也在所难免——他们都那么有个性，又是在这样的情况下才得以团聚。

一开始莫娜对我的出现并不是很兴奋，尤其她母亲在感情上又对我那么投入。但随着我们渐渐相互了解，我们成了很好的朋友，而且她是我的亲人。我不知道没有她我该怎么办。我难以想象会有比她更好的妹妹，我那个同样是领养的妹妹帕蒂跟我从不亲密。

莫娜同样对他的感情也越来越深，有时还会非常护着他。

引起他们争论的事情之一，就是她的着装。莫娜穿得像一个生活困顿的小说家，而他会责怪她衣着不够迷人。

有一次他的评价实在惹恼了她，她给他写信说："我是个年轻的作家，这是我的生活，我没想当模特。"

他没有回信。但没过多久，从一家时装店寄来一箱衣服。这些衣服设计简洁却包含科技感。

她说："他会为我买衣服，他能选出非常棒的，正好是我的尺码，颜色也很适合我。"

有一套裤装乔布斯特别喜欢，包裹里居然有三套完全一样的。"我还记得我寄给莫娜的第一箱衣服，是些淡灰绿色的亚麻裤子和上装，很衬托她的红头发。"

但对于生父，乔布斯则不肯相认。生父的遗弃差点毁了乔布斯，养父——他心目中真正的父亲保罗，用爱和宽容拯救了他。乔布斯越爱保罗，就越不愿与生父相认。他认为他是不负责任的生父，和养父保罗简直是天壤之别。

得知乔布斯成为苹果公司CEO后，钱德里数次发送电子邮件给乔布斯，但从未得到回复。

钱德里表示他既希望乔布斯能打电话过来，又害怕主动致电儿子。他担心那样做会让乔布斯认为自己是看上了他的钱。

钱德里认为："如果他想花时间和我在一起，他就一定能做到，因为他知道我在哪里，也知道怎样能找到我。"

钱德里说，随着乔布斯健康状况不断恶化的消息见诸报端，自己总想找机会与儿子见上一面，哪怕只是一起喝杯咖啡。但他始终没能鼓足勇气拿起电话。

这听起来或许有些奇怪，但即便我们俩其中一个行将远去，我还是没有准备好拿起电话打给他。

最后，父子阴阳相隔，未曾见面。

Think Different

1996年，苹果公司公布了数十亿美元的亏损。

1997年7月初，“苹果”以不足14美元的股价不断探底，创造了12年来的新低。

一位董事拨通了乔布斯的电话，劝说他回来重新担任苹果公司的CEO。

电话另一头，乔布斯的声音低沉而平静：“很抱歉，我觉得我不能拯救苹果公司。”

这位董事说：“如果你不回来，不做一点什么的话，股票还会继续下跌，马上我们就会资不抵债，就不得不考虑申请破产保护了。”

乔布斯沉吟了片刻，回答道：“我需要想一想。”

董事在电话里着急地说：“只要你答应出任CEO，公司的股价就一定能回升，我们就有机会有时间拯救公司。”

“我还是要想一想。”乔布斯依然冷静，“而且，我需要和太太商量一下”。

第二天，乔布斯回复说：“我太太认为我出任苹果公司

CEO并不是个好主意。我自己也还是担心，苹果公司是不是真的有未来。”

“或者……我们换个方案如何？就临时过渡一下？比如，你来当临时的CEO，直到我们找到合适的CEO人选为止，怎样？”

“临时CEO？嗯，这个主意可以考虑。”乔布斯又思考了好一阵子才说：“好吧，请给我90天的时间。我想看一看，苹果公司是不是还有救。”

1997年8月6日，苹果公司宣布，史蒂夫·乔布斯进入董事会；9月16日，乔布斯被公开任命为苹果公司的临时CEO。随着这一系列消息的公布，“苹果”的股价震荡上扬，公司暂时摆脱了濒临破产的尴尬境地。

但这更多是出于一种明星效应——当一位曾开创个人电脑黄金时代的昔日明星，在远离媒体视线和公众热点多年后又重新回到舞台中心，人们自然会心存好奇。期待的眼光不少，但质疑的声音更多。

当时的业界巨头，戴尔集团的领导人迈克·戴尔就对乔布斯出任苹果公司CEO的做法颇不以为然，他用半忧虑半嘲讽的口吻说：“如果我在苹果公司，我会关闭这家公司，把钱还给股东。”

“微软”老大比尔·盖茨则在一次后来才被披露出来的谈话中说：“乔布斯想再次掌管公司，这是在浪费时间。我搞不懂他为什么还要出任苹果公司的CEO，他知道，他不可能赢的。”

那时的苹果公司在个人电脑领域与微软相比，可谓是一败涂地，1996和1997两个财年亏损了18亿美元，濒临破产。但是，NeXT公司开发的技术，成了苹果公司重新崛起的核心。

乔布斯再次接掌苹果公司。仅用一年，他就让苹果公司从负债10亿美元到盈利3.09亿美元。

2000年9月底至12月初，“苹果”的股票从53美元跌到14美元。公司在四季度亏损2.47亿美元，CBS市场监测把乔布斯列为当年最大的输家之一。

乔布斯说：“据我所知，我是唯一一个在一年中亏损2.5亿美元的人……这其实很磨炼性格。”

他喜欢引用丘吉尔的名言“决不、决不、决不、决不放弃！”

2001年11月，苹果公司发布了iPod，之后又发布了iPhone和ipad。

我并不是在唱独角戏。在使苹果公司重新焕发活力的事宜上，主要取决于两件事：一是苹果公司有着大量天才人物，过去数年中，外界认为这些苹果公司员工是失败者，他们也认同了外界的这种看法，但实际上他们并不是失败者。二是公司缺乏的是有效计划和管理。我们需要一个高级管理团队，而我们目前已经拥有了这样的管理团队。

史上最撼人的时刻，不是独孤求败，而是王者归来。

1997年，苹果公司推出了以Think Different为主题的广告，由刚刚重回苹果的乔布斯亲自配音。

在长度一分钟的广告里，科学家爱因斯坦、歌手鲍勃·迪伦、民权领袖马丁·路德·金、企业家理查德·布兰森、歌手约翰·列侬、建筑师富勒、发明家爱迪生、拳王阿里、媒体大亨特纳、歌剧女皇卡拉丝、圣雄甘地、女飞行员埃尔哈特、电影导演希区柯克、舞蹈家玛莎·葛兰姆、《芝麻街》木偶之父吉姆·亨森、建筑师弗兰克·赖特与画家毕加索等均出现在镜头前，他们在广告中被称为“疯狂的家伙，真正改变世界的一群人”。

乔布斯在配音独白中向他们致敬，他期待自己成为他想成为的那个人——Think Different。

乔布斯在配音独白中说：

向那些疯狂的家伙们致敬！

他们特立独行、桀骜不驯、惹是生非、格格不入。

就像方孔中的圆桩，他们用与众不同的眼光看待事物；

他们既不墨守成规，也不安于现状。

你尽可以赞美他，否定他，引用他，质疑他们，颂扬抑或是诋毁他们，但唯独不能漠视他们。

因为他们改变了事物，他们推动人类向前发展。

他们是别人眼里的疯子，却是我们眼中的天才。

因为只有疯狂到认为自己能改变世界的人，才能真正地改变世界。

Think Different 的广告词，也是乔布斯一生最好的注释。领袖和跟风者的区别，就在于创新。

佛教中有一句话，“拥有初学者的心态，是件了不起的事情”。

毕加索曾说过，“好的艺术家抄，伟大的艺术家偷”。

就像他描述的那些疯狂人物那样，乔布斯一生离经叛道、桀骜不驯。

他是艺术家、科学家、发明家、探险家、企业家，但也不完全是。他是跨文化的符号，只有把疯狂的家伙们难以言说的共通之处集纳起来，才可以精确地描述出乔布斯。

求知若饥，虚心若愚（Stay Hungry，Stay Foolish）是乔布斯Think Different思想体系的核心。

他把青少年时从《全球目录》杂志看到的这句话当作人生格言，并把这句格言送给世人。

后　记

比尔·盖茨和史蒂夫·乔布斯，是屹立于当今世界巅峰之上的巨人。

比尔·盖茨和史蒂夫·乔布斯的家庭出身有着极大的不同，一个是律师的儿子，无忧无虑地生活在美国的上流社会；一个是机械师的儿子，父母每天都在为温饱而奔波。但是，他们都成了时代的弄潮儿。

然而，他们每一步的成功，都离不开幼时父母对他们的影响。

美国第32任总统富兰克林·德拉诺·罗斯福是美国历史上唯一一位连任四届的总统。罗斯福是富豪家庭出身，他的早期教育主要是从父亲那里获得的。从父亲那里，他得到了关于动物、土地和森林的相关知识，学会了一些体育运动，更为重要的是，他具有勇敢、坚毅、不怕艰苦的良好品德。

有个小男孩，踢足球时撞破了邻居的玻璃窗，邻居索赔12.5美元。男孩向父亲认错后，父亲让他对自己的过失负责。他为难地说："我没有钱赔。"父亲说："这12.5美元借给你，先拿去赔给人家，一年后还给我。”从此，这个男孩每逢周末、节假日便外出打工。经过半年的努力，他终于挣足12.5美元还给父亲。这个男孩就是后来的美国总统里根。他在回忆这件事时说：“通过自己的劳动来承担过失，使我懂得了什么叫责任。”

19世纪著名的数学家、物理学家麦克斯韦年少时，有一次父亲叫他画静物写生，对象是插满秋萝的花瓶。在麦克斯韦的笔下，花瓶是梯形的，菊花成了大大小小的圆圈，叶子则是一些奇奇怪怪的三角形。细心的父亲立即发现小麦克斯韦对数学特别敏感，于是开始教他几何学和代数，培养他的数学才能。

在德国，6—10岁的孩子要帮助父母洗碗、扫地和买东西；10—14岁的孩子要参加修剪草坪之类的劳动。在美国，1岁多的孩子基本都是自己吃饭，几乎看不到父母端着饭碗追着孩子喂饭的情景。

十年树木，百年树人。这是中国人育才的思想，也是国人培养英才的基础。但是，家长对孩子的过度保护已经成为国内一个不容忽视的教育问题。事实证明，非智力因素的心理品质与健全人格的欠缺，已经是目前的教育再也不能忽视的重大问题。

中国古代育人的美育，渐渐失去它原有的光泽。孟母三迁、悬梁刺股、帝范十二、孔子劝学都彰显了中国圣贤对后代教育的智慧和经验，但这些在现今社会里已陈影渐逝。这不能不使我们这些关注中国未来教育之辈深感忧虑。

罗斯高的“1000天假设”理论指出：人的大脑、认知、智商90%是在0—3岁发育时决定的。2000年诺贝尔经济学奖获得者美国芝加哥大学教授詹姆斯·赫克曼提出“赫克曼曲线”，他发现，0—3岁早期教育的投资回报率为1∶18，远高于其他年龄阶段。

印度的“早期儿童综合性发展”计划启动于1975年，是涵盖保健和教育的早期儿童综合发展服务，是迄今为止全球最大的早期儿童发展项目，受益面达到3200万名幼儿及家庭。

20世纪90年代，日本教育界提出学校教育研究的新课题:未来社会如何注重心理教育。据此，日本学前教育课程编辑委员会制定了以发展学前儿童心理为保教重点的教育计划方案。该方案分为三个阶段。即：出生后15个月、出生后15个月至2岁和2至3岁。每个阶段都详细地介绍了这个年龄阶段的培养目标和指导重点。

新西兰于1972年开始对婴儿成长进行跟踪。1993年启动了3岁前婴儿发展与教育的国家计划——“普卢凯特计划”。新西兰教育部在《面向21世纪的教育》报告中指出：“教育必须从出生开始。”目前，新西兰已有82%的3—4岁的儿童加入了早期儿童教育计划。

奥巴马就任美国总统之后，迅速将儿童早期教育提上议程，在原有的学前教育政策基础上推出了“0至5岁计划”，该计划着眼于贫困家庭儿童的教育，每年拨款100亿美元提供免费学前教育，保证每位儿童充分做好入学准备，促进各州学前教育的广泛普及。

英国“阅读起跑线计划”始于1992年，由英国图书信托基金会发起，是世界上第一个专为婴幼儿提供阅读指导服务的国家性质的计划，旨在让每一个儿童都能够从早期阅读中受益，享受阅读的乐趣并将阅读作为终身爱好。该计划免费为4岁以下儿童发放与其年龄相对应的阅读包。2000年3月，伴随着全英国92%地方政府的加入，该计划扩展成为一个全国性阅读指导计划。从此，“阅读起跑线计划”成为世界上第一个国家性质的阅读推广活动。从2000年开始，该计划在每年都会获得国家相关政府部门的资助。2004年，英国财政大臣宣布，“阅读起跑线计划”开始向全球范围内的适龄婴幼儿提供免费阅读包，希望将其发展为全球最有影响力的婴幼儿推广计划。

2011年，中华人民共和国国务院颁布了《中国儿童发展纲要（2011—2020年）》。该纲要提出，要积极开展0—3岁儿童科学育儿指导。要积极发展公益性、普惠性的儿童综合发展指导机构，以幼儿园和社区为依托，为0—3岁儿童及其家庭提供早期保育和教育指导。加快培养0—3岁儿童早期教育专业化人才。并要求培养儿童的阅读习惯，增加阅读时间和阅读量，90%以上的儿童每年至少要阅读一本图书。

2011年，世界银行发布的《中国的儿童早期发展与教育：打破贫穷的代际传递与改善未来竞争力》报告提出，中国应将0—6岁儿童的早期教育纳入政府基本公共服务框架，由国家计生委与世界银行合作完成，并指出，中国已普及了九年义务教育制度，目前主要的问题应是如何为0—6岁儿童提供教育服务。

2016年12月12日，国家主席习近平接见出席第一届全国文明家庭表彰大会的代表时指出："家庭是人生的第一个课堂，父母是孩子的第一任老师……广大家庭都要重言传、重身教，教知识、育品德，身体力行、耳濡目染，帮助孩子扣好人生的第一粒扣子，迈好人生的第一个台阶。"可见家庭教育的重要性。

在大量阅读了国内外优秀人物的成长历程和世界各国的教育政策之后，笔者深深感受到对孩子少年时期教育培养的重要意义以及我们肩负的职责。

谨以此书献给关心孩子成长的家长、老师、学者和教育工作者。

史迪夫·劳修改于北京

2018年2月17日

图书在版编目（CIP）数据

教出来的天才 ：比尔·盖茨和乔布斯的家庭教育故事 / （美）史迪夫·劳（Steve Law）著. —杭州 ：浙江人民出版社，2018.4

ISBN 978-7-213-08487-4

Ⅰ. ①教… Ⅱ. ①史… Ⅲ. ①盖茨（Gates，Bill 1955- ）-传记②乔布斯（Jobs，Steve Paul 1955-2011）-传记 Ⅳ. ①K837.125.38②K837.125.38

中国版本图书馆CIP数据核字(2017)第311516号

教出来的天才

——比尔·盖茨和乔布斯的家庭教育故事

[美]史迪夫·劳(Steve Law) 著

出版发行：浙江人民出版社（杭州市体育场路347号 邮编 310006）
市场部电话：(0571)85061682 85176516

集团网址：浙江出版联合集团 http://www.zjcb.com

责任编辑：余慧琴

责任校对：戴文英

封面设计：仙境设计

电脑制版：杭州兴邦电子印务有限公司

印　　刷：浙江新华印刷技术有限公司

开　　本：710毫米×1000毫米 1/16　　印　　张：14.5

字　　数：135千字　　插　　页：2

版　　次：2018年4月第1版　　印　　次：2018年4月第1次印刷

书　　号：ISBN 978-7-213-08487-4

定　　价：49.80元